우리
가족
경제독립
선언서

우리 가족 경제독립 선언서

3·1 경제독립TV 신동일 지음

트러스트북스

Part Zero

경제독립
전쟁
출정식

당신 안의 비장함과 결의를 떠올리며!

"1945년 조국은 되찾았지만, 당신의 경제적 자유는 아직 오지 않았다. 오늘 나와 우리 가족의 경제독립 작전이 시작된다!"

이 책의 첫 장을 펼친 소중한 당신! 우리가 만난 건 우연이 아닌 필연이다. 지금부터 펼쳐질 이 거대한 작전의 주인공은, 그 누구도 아닌 바로 당신이다.

당신은 교복을 입은 10대 학생일 수도 있고, 꿈을 위해 땀 흘리는 20대 카페 알바생일 수도 있으며, 가족의 미래를 걱정하는 평범한 엄마 아빠일 수도 있다.

하지만 기억하라. 이『우리 가족 경제독립 선언서』는 단순한 책이 아니다. 이 책은 거친 자본주의의 바다에서 길을 잃지 않게 해줄 '경제독립 나침반'이며, 세상에서 가장 소중한 당신의 꿈을 현실로 만

들어 줄 '승리의 지도'다.

우리는 이미 오래 전 나라를 되찾았지만, 아직 돈으로부터의 해방은 이루지 못했다. 이제 당신이, 그리고 당신의 가족이 경제독립을 쟁취할 시간이다. '끝내 이루고 말리라'는 결연한 정신무장이 필요한 때다.

오랫동안 '나는 안 돼', '이미 늦었어'라는 말을 되뇌며 포기하고 있었는가? 이 책은 당신이 내릴 '지금의 선택'이 앞으로 10년 뒤, 얼마나 놀라운 기적을 만들어낼지 생생하게 보여줄 것이다.

당신이 포기하지 않는다면, 경제독립운동가로서 반평생 치열한 금융의 만주 벌판에서 보낸 내가 당신과 함께, 우리 대한민국 국민의 경제독립을 이끌 것이다.

소중한 당신! 이제 딱 하나! 나를 믿고 이 책과 함께 끝까지 가보는 거다.

기꺼이 '경제독립군'이 될 준비가 되었는가? 준비되었다면, 떨리는 가슴을 안고 다음 장 '출정식'으로 넘어가자.

이제 당신이 경제독립을 쟁취할 시간이다. 그 가슴 뛰는 여정을 향하여!

* 사랑하는 나의 아들딸들을 위하여

* 우리 가족 모두의 경제독립 첫걸음을 위하여

오늘부터, 우리 가족의 경제독립과 소중한 꿈은 '현실'이 된다.

AI 인공지능, 자율주행, 옵티머스 봇이 세상을 뒤집는 시대, 모든 것이 변했다. 과거의 낡은 지도로는 새로운 대륙에 닿을 수 없다.

기존의 잘못된 재테크 공식은 모두 지워라! 적금 통장 하나면 충분했던 시대는 끝났다. 『우리 가족 경제독립 선언서』가 그동안 당신 안에 잠재되어 있던 재테크의 패러다임을 송두리째 바꿀 것이다.

나라의 독립을 외쳤던 3.1절! 이제 우리 가족은 '3.1 경제독립'으로 새롭게 태어난다.

언제까지 "나는 흙수저야"라며 한탄만 할 것인가? 언제까지 "카페 알바생이 뭘 할 수 있겠어"라며 스스로를 가둘 것인가?

생각이 바뀌는 그 순간, 행동이 시작되는 그 찰나, 소중한 당신의 경제독립 꿈은 이미 현실이 되기 시작한다.

자, 위대한 경제독립군이 될 각오가 됐는가?

지금 바로 출발하자! 이 드라마의 주인공은, 바로 당신이다.

경제독립 실천 선언서
(Action Plan)

　이 책을 덮는 순간, 당신의 경제독립 전쟁은 시작된다. 생각만으로는 아무것도 바뀌지 않는다. 떨리는 손이라도 좋으니, 지금 바로 펜을 꺼내 당신의 결의를 이 종이에 꾹꾹 눌러 적어라.

　이 한 장의 기록이 10년 뒤 당신을 100억 부자로 이끌어줄 나침반이 될 것이며, 나아가 당신 가족의 100년 플랜으로 발전할 것이다.

경제독립 5단계 프로세스(Check List)

☑ (1단계) 결심: 나는 오늘부로 가난했던 과거와 결별하고 경제독립군이 되기로 선언한다.

☑ (2단계) 준비: 잠자는 입출금 통장을 깨워 '투자용 증권/코인 계좌'를 개설한다.

☑ (3단계) 종잣돈: 이번 달 소비를 줄여 '경제독립 입장권(최소 10만

원~)'을 마련한다.

☑ (4단계) 파종: 혁신 기업(테슬라, 엔비디아)과 비트코인 등 핵심 자
산을 첫 매수한다.

☑ (5단계) 인내: 비바람(변동성)이 불어도 10년 뒤 숲이 될 때까지
절대 팔지 않는다.

나의 첫 번째 투자 명령서

(Write Down)

나는 오늘, 미래의 나와 내 가족을 위해 다음과 같이 경제독립 씨앗을 심는다.

- 나의 경제독립 D-day: 20_____년 _____월 _____일(목표 연도)

- 1차 목표 금액: __________________원

- 오늘 당장 매수할 자산(10만 원 이상)

  ○ 종목명: _________________ (예: 테슬라, 비트코인)

  ○ 금액: _________________ 원

- 나와의 약속: 나는 이 주식(코인)을 _______년 동안 절대 팔지 않고 모아갈 것을 맹세한다.

서명: _________________ (인)

혼자 하기 두렵다면? 동지들과 함께 가자!

경제독립의 길, 혼자 가면 외롭고 힘들지만 함께 가면 끝까지 갈 수 있다. 매일 아침 시장의 흐름을 읽어주고, 흔들리는 멘탈을 잡아 줄 든든한 베이스캠프가 여기 있다.

매일 아침 만나는 작전회의 <3.1 경제독립TV>

- 테슬라, 비트코인 최신 시황 및 투자 마인드 셋 매일 업로드
- 26만 명의 경제독립군이 실시간으로 소통하며 서로를 응원한다.
- [유튜브 검색창에 '3.1 경제독립TV' 검색]

경제독립운동가 신동일 소장의 '3.1경제독립tv'

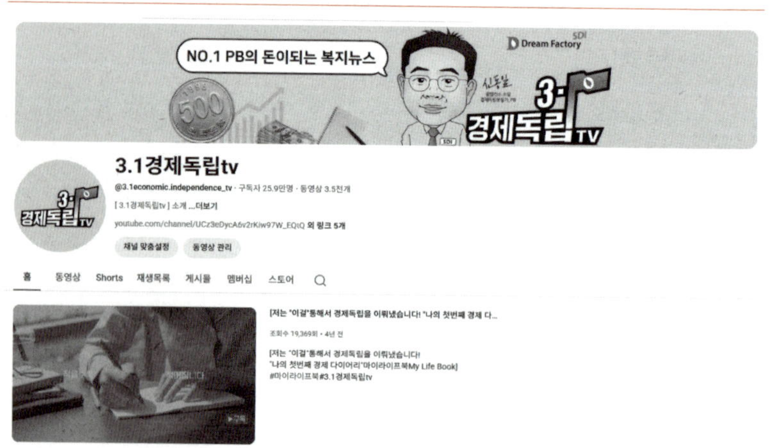

10년의 기록을 담을 그릇 <마이라이프북>

- 저자가 3,000만 원을 들여 개발한 '10년 재테크 다이어리'

- 매일의 수입/지출 관리부터 10년 장기 목표까지, 당신의 자산이
  불어나는 과정을 직접 기록한다.

- 책에는 핵심 요약본을 담았다. 실물 다이어리는 별도로 만나볼
  수 있다.

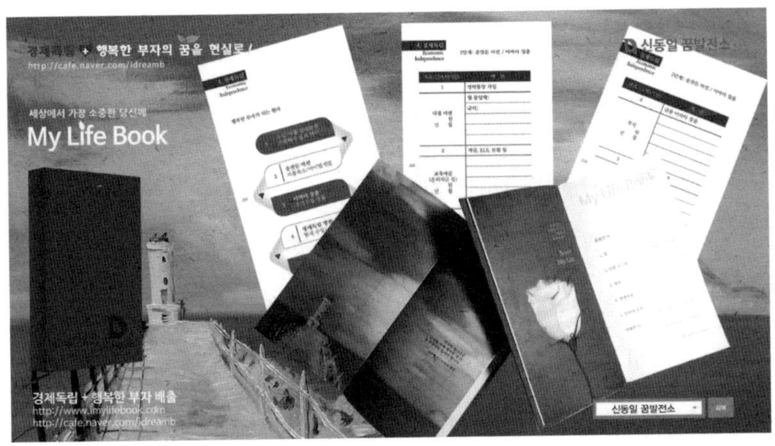

3.1경제독립tv

40년의 땀방울이 담긴 비닐봉지,
8년의 기다림이 만든 1,000만 원의 기적

#에피소드 1 : 20만 원이 1,000만 원이 된 날

"아빠, 이 계좌 정말 내 돈 맞아요?"

딸아이가 상기된 표정으로 스마트폰 화면을 내밀었다. 나는 내 눈을 의심했다. 8년 전 넣어둔 20만 원, 엔비디아 주식 1주가 무려 1,000만 원이 되어 있었다. 수익률 4,300%.

기억을 되감아 보니 2017년 가을이었다. 우리 가족의 경제독립 계획을 세우며, 부진했던 중국 펀드를 환매한 돈으로 두 딸의 이름으로 엔비디아와 인텔 주식을 사주었던 기억이 났다. 그 작은 씨앗이 8년이라는 시간 동안 무럭무럭 자라 거대한 나무가 된 것이다.

딸아이 계좌 속 숫자를 목격한 순간, 반평생 경제독립을 외쳐온 나의 뒤통수를 치는 듯한 번개 같은 깨달음이 스쳤다. '아, 너무 멀리 돌아왔구나. 정답은 바로 여기 있었는데…' 아내와 나, 그리고 딸아이는 서로를 바라보며 말없이 미소를 지었다. 그것은 희망의 미소였다.

단돈 20만 원이 1,000만 원으로, 8년의 마법

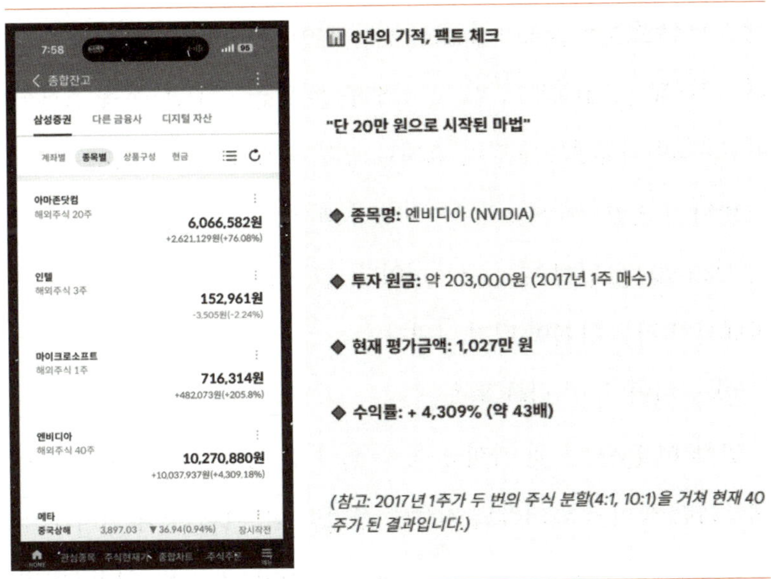

남들 다 입는다는 브랜드 롱패딩(또는 운동화) 하나 사주는 셈 치고, 그 돈 20만 원으로 엔비디아 주식 1주를 사주었다. 그런데 이런 놀라운 결과가 나올 줄이야.

#에피소드 2 : 어머니의 비닐봉지와 잃어버린 시간

얼마 전, 아내와 함께 대구 본가에 내려가 어머니의 방을 정리해 드렸다. 아흔을 바라보는 어머니는 거동이 불편해 침대 생활을 하신 지 오래였다. 어머니는 평생을 전기도 들어오지 않는 강원도 인제 두메산골에서 읍내까지 30리 길을 걸어 다니며 억척스럽게 사셨다. 그렇게 1,000원짜리 한 장 허투루 쓰지 않고 모은 돈을 은행이 아닌, 까만 비닐봉지에 담아 휴지로 꽁꽁 싸매 두셨던 것이다.

반나절 동안 정리한 비닐봉지만 수백 개. 꼬깃꼬깃 펴서 세어보니 무려 900만 원이 넘는 큰돈이었다. 그 돈을 보는 순간 가슴 깊은 곳에서 뜨거운 탄식이 터져 나왔다.

'아… 어머니, 이 귀한 돈을…'

만약 이 1,000만 원 가까운 돈을 30년 전 삼성전자에, 아니 은행 예금에만 넣어 두었더라도 지금쯤 수천만 원, 아니 수억 원이 되어 있었을 텐데. 인플레이션이라는 괴물은 어머니의 피땀 어린 900만 원을, 지금의 가치로는 병원비 몇 달 치도 안 되는 돈으로 쪼그라트러 놓았다.

며칠 전 딸아이 계좌에서 본 '자본이 일한 1,000만 원'과 어머니 방에서 본 '노동이 갇혀버린 900만 원.' 이 잔인한 대비 앞에서 나는

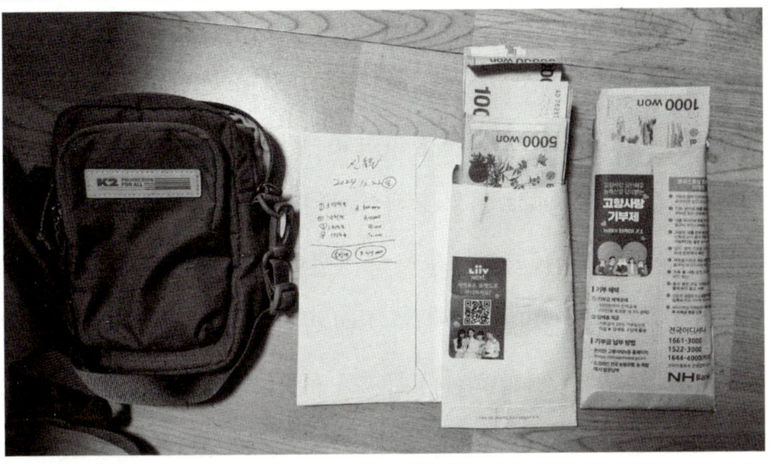

30년의 세월, 수백 개의 비닐봉지, 그리고 꼬깃꼬깃한 900만 원. 어머니의 땀방울은 숭고했지만, 인플레이션 앞에선 너무나 무력했다.

뼈저린 후회를 했다. 내가 조금만 더 일찍 깨달았다면, 어머니의 쌈 짓돈을 경제독립의 씨앗으로 바꿔드렸다면, 지금 아버지의 주름살 을 조금은 펴 드릴 수 있었을 텐데.

#에피소드 3 : 37년 금융인의 마지막 미션

어느 날 출판사에서 메일 한 통이 도착했다. "소장님, 3.1 경제독립TV 방송을 보고 큰 감동을 받았어요. 37년 금융인으로서, 그리고 경제독립운동가로서 그 경험을 책으로 나눠주시면 어떨까요?"

며칠 밤을 고민했다. 언젠가 나의 경험과 '2030년 100억 부자 프로젝트'를 나누고 싶었지만, 과연 지금 내가 자격이 있을까? 하지만 딸아이의 기적과 어머니의 회한을 목격한 이상, 더는 미룰 수 없었다.

세상은 천지개벽하고 있다. 팔란티어는 상장 5년 만에 폭발했고, 엔비디아는 시총 4조 달러를 돌파하며 세상을 AI로 덮고 있다. 이 거대한 패러다임의 변화 속에서 더 이상 머뭇거린다면, 가난의 대물림은 끊어지지 않을 것이다.

"경제독립 쟁취의 꿈! 세상에서 가장 소중한 당신에게 지금부터 현실이 된다!"

이 책『우리 가족 경제독립 선언서』는 단순한 재테크 책이 아니다. 2025년 최저임금 기준 한 달 월급인 200만 원. 이 돈을 수업료이자 입장권 삼아, 당신을 경제독립행 열차에 태우기 위한 '탑승권'이다.

나는 이 책을 펼친 당신이 이미 준비되어 있다고 믿는다. 일제강점기 선조들이 피땀 흘려 조국을 되찾았듯, 이제 우리는 찬바람 부

는 자본주의의 만주 벌판에서 우리 가족의 경제 주권을 되찾아 와야
한다.

소중한 자신을 믿어라. 당신은 할 수 있다. 나 신동일 소장이 그
길을 가장 앞서서 걸어갈 것이다. 준비되었는가? 그렇다면 답답한
현실을 깨부수고, 지금 당장 출발하자!

2026년 3월 1일 대한민국 경제독립운동가 신동일 소장

차례

Part Zero

경제독립 전쟁 출정식

Part 1

[준비편]
경제독립군 군자금 확보 작전(Seed Money)

Part 2

[방향편]
거대한 패러다임의 변화:
부의 지도가 바뀌었다. 바뀐 공식에 적응하라

Part 4

[경제독립나침반: 코인편]
디지털 금을 선점하라

Part 5

[에필로그]

당신이 바로 자본주의 매트릭스를 탈출할 '네오(Neo)'다:

Part 1

경제독립군
군자금 확보 작전
(Seed Money)

1장

[특별 미션 1]

우리 가족 007 작전: 숨겨진 군자금을 찾아라!

| 임무: 스마트폰 하나로 10분 만에 100만 원 만들기

전쟁에 나가려면 총알이 필요하다. 하지만 허리띠를 졸라매고 거창한 투자금을 마련하느라 골머리를 앓지 마라. 등잔 밑이 어둡다고 했다. 우리에겐 이미 어딘가에 숨어 있는 '비밀 군자금'이 있다.

금융결제원에 따르면 매년 주인을 찾지 못해 잠자고 있는 휴면 예금과 보험금, 카드 포인트가 수조 원에 달한다고 한다. 실제로 이 미션을 수행한 많은 사람들이 적게는 몇 만 원에서, 많게는 수백만 원의 잊고 있던 돈을 찾아냈다.

자, 지금부터 거실에 온 가족을 집합시켜라. 우리는 지금부터 007 요원이 되어, 금융기관 여기저기에 흩어져 잠자고 있는 패잔병(휴면 계좌, 포인트)들을 구출해 최정예 경제독립군(투자금)으로 부활시키는 '특별미션'을 수행할 것이다. 준비물은 단 하나, 당신의 스마트폰이다.

미션 1단계: 작전 본부 설치(앱 설치 및 접속)

흩어진 돈을 찾기 위해 은행마다 돌아다닐 필요가 없다. 금융결제원에서 운영하는 '어카운트인포(계좌정보통합관리)' 앱 하나면 대한민국의 모든 금융 정보를 한 손에 쥘 수 있다.

①앱 다운로드: 구글 플레이스토어(삼성폰)나 앱스토어(아이폰)에서 '어카운트인포'를 검색해 설치한다(또는 네이버에서 '계좌정보통합관리서비스' 검색).

②본인 인증: 지문이나 간편 비밀번호로 로그인한다(이 과정만 지나면 90%는 성공이다).

미션 2단계: 잠든 병사를 깨워라(숨은 계좌 찾기)

로그인을 했다면, 이제 본격적인 수색 작전이다.

①[내 계좌 한눈에] 클릭: 내가 거래하는 모든 은행의 입출금 계좌가 쫙 펼쳐진다.

②**타겟 포착(휴면 계좌)**: 여기서 '소액 비활동 계좌'를 집중적으로 찾아라. 대학 시절 장학금 받으려고 만들었던 통장, 10년 전 알바비 받았던 통장 등, 잊고 지냈던 계좌에 몇 천 원, 몇 만 원, 심지어 몇십만 원이 잠자고 있을 것이다.

③**구출(잔고 이전)**: 고민할 필요 없다. [잔고 이전] 버튼을 누르고, 지금 주로 쓰는 내 통장 번호를 입력하라. 수수료도 무료다. 클릭 한 번이면 흩어진 돈이 즉시 내 통장으로 입금된다.

미션 3단계: 보급품을 현금화하라(카드 포인트 조회)

"포인트? 그거 뭐 빵 사 먹을 때 몇 백 원 할인받는 거 아니야?" 천만의 말씀이다. 1포인트는 1원이다. 현금과 똑같다.

①**[카드 포인트 현금화] 클릭**: 어카운트인포 앱 내에서(혹은 '여신금융협회 카드포인트 통합조회' 앱) 내가 가진 모든 카드의 포인트를 한 번에 조회한다.

②**깜짝 놀랄 발견**: 여기저기 찔끔찔끔 쌓여서 못 쓰는 줄 알았던 포인트들을 합쳐보라. 꽤 묵직한 금액이 될 것이다.

③**현금 입금**: [포인트 계좌입금] 버튼을 눌러라. 신청 즉시 1원 단위까지 탈탈 털어서 내 통장에 현금으로 꽂힌다.

미션 완수 후: 절대 원칙(The Rule)

축하한다. 미션을 완료했다. 이렇게 모은 돈이 10만 원이든, 50만 원이든, 혹은 100만 원이든 우리 가족에게는 절대 어겨서는 안 되는 철칙이 있다. 이 돈은 오늘 저녁 치킨을 사 먹거나 쇼핑하라고 하늘에서 떨어진 '공돈'이 아니다. 당신의 경제독립을 앞당겨줄 소중한 '1호 군자금'이다.

- 미션 실패: "오! 꽁돈 생겼네? 오늘 저녁은 외식이다!"(소비=작전 실패)
- 미션 성공: "이 돈은 내 미래를 위한 씨앗이다."(즉시 테슬라, 엔비디아, 비트코인 매수)

*신동일 소장의 제안

이번 주말, 식탁 위에서 작전을 개시하라! 아빠 혼자 하지 마라. 이번 주말, 식탁에 온 가족을 불러 모아라. 아내의 숨은 비상금 통장, 자녀가 잊어버린 용돈 통장까지 모조리 조회해 보라. 그렇게 모인 100만 원이 10년 뒤 1억 원이 되어 우리 가족을 지켜줄 것이다. 자, 스마트폰을 꺼냈는가? 지금 바로 미션을 시작하자!

2장

[특별 미션 2]

작전명: '0.1%의 함정'에서 탈출하라!

| 임무: 입출금 통장에 방치된 '잠자는 군자금' 강제 소집

'특별 미션 1'을 수행했는데도 아직 100만 원이 채워지지 않았는가? 실망하기엔 이르다. 진짜 보물은 낡은 서랍 속, 그리고 당신이 매일 쓰는 월급 통장 속에 숨어 있다.

우리는 입버릇처럼 "돈이 없다"고 말한다. 하지만 내가 37년간 은행에서 목격한 진실은 다르다. 돈이 없는 게 아니라, 돈을 '방치'하고 있을 뿐이다.

한국은행 통계에 따르면, 대한민국 국민이 이자가 거의 없는(연 0.1% 수준) 수시입출식 저축성 예금에 넣어둔 돈이 무려 600조 원이 넘는다(2024년 기준). 국민 1인당으로 나누면 약 1,200만 원의 돈이 아무런 일도 하지 않은 채, 은행의 배만 불려주며 잠자고 있다는 뜻이다.

이것은 저축이 아니다. '방치'이자, 인플레이션을 감안하면 매일 돈이 삭제되는 '마이너스 투자'다. 지금 당장 당신의 통장을 점검하라.

1단계: 서랍 속 '종이 통장'을 털어라

지금 거실 서랍, 장롱 깊숙한 곳을 뒤져라. 디지털 뱅킹 시대라지만, 아직도 정리가 안 된 '종이 통장'들이 수두룩할 것이다.

- 타겟: 아이들 어릴 때 만들어주고 잊어버린 도장 찍힌 통장, 예전 직장 퇴직연금 통장, 만기가 지났는데 찾지 않은 예금 통장.
- 행동: 통장 겉면에 적힌 은행 앱을 켜거나, 앞서 설치한 '어카운트인포'에서 해당 은행을 다시 정밀 타격(조회)하라.
- 결과: '어? 여기 30만 원이 있었네?' 하는 돈이 반드시 나온다. 그 돈은 과거의 당신이 미래의 당신에게 보낸 선물이다. 즉시 구출하라.

2단계: 월급 통장의 '살점'을 떼어내라(가장 중요!)

가장 많은 군자금이 숨어 있는 곳은 바로 당신의 '주거래 입출금 통장'이다. 많은 사람들이 공과금, 카드값 빠져나가고 남은 돈을 '비상금'이라며 그냥 입출금 통장에 둔다. 이것이 가장 큰 실수다.

[군자금 확보 공식: '최소 유지비' 법칙]

①**잔액 확인**: 지금 당신의 입출금 통장 잔액을 확인하라(예: 300만 원).

②**지출 계산**: 이번 달 남은 기간 동안 반드시 나갈 돈(카드값, 공과금, 생활비)을 계산하라(예: 200만 원).

③**강제 차출**: [현재 잔액]-[필수 지출]=[잉여 자금]

예시의 경우, 100만 원(300-200)은 당장 쓸 돈이 아니다. 그런데 왜 0.1% 이자 통장에 두는가?

비상금? NO, NO, 진짜 비상 상황은 당신의 노후다. 당장 쓸 돈이 아니라면, 단돈 10만 원이라도 투자 대기 자금(파킹통장, CMA)으로 옮기거나 즉시 우량주를 매수해야 한다. 입출금 통장의 잔액은 '0원'에 가까울수록 좋다.

3단계: 흩어진 '우수리'를 모아라

10만 원, 20만 원…. 여기저기 흩어진 푼돈(우수리)을 우습게 보지 마라.

①카카오뱅크 '저금통', 토스 '잔돈 모으기': 나도 모르게 빠져나간 자투리 돈을 확인해 보라. 꽤 쏠쏠한 금액이 모여 있을 것이다. 깨라. 지금은 저축할 때가 아니라 투자를 시작할 종잣돈을 모을 때다.

②지역화폐/선불카드 잔액: 쓰다 남은 지역화폐, 교통카드 잔액도 모조리 긁어모아라.

최종 점검: 100만 원이 만들어졌는가?

[미션 1(숨은 돈 찾기)]+[미션 2(입출금 통장 털기)]. 이 두 가지 작전을 수행했다면, 당신의 손에는 최소 100만 원 이상의 현금이 쥐어졌을 것이다. 축하한다. 당신은 이제 빈손이 아니다. 이 100만 원은 당신 가족의 운명을 바꿀 '경제독립군 1호 자금'이다.

- 테슬라 3주를 살 수 있는 돈이자,
- 비트코인 0.01개를 모을 수 있는 돈이며,
- 10년 뒤 1억 원이 되어 돌아올 '기적의 씨앗'이다.

이제 총알은 준비되었다. 더 이상 핑계 대지 마라. 이 책을 통해

이 소중한 군자금을 어디에, 어떻게 투입해야 하는지 '실전 투자 전략'을 브리핑하겠다. 지금 당장, 이체 버튼을 눌러라!

3장

[마지막 미션]

은행 적금과 '헤어질 결심':
0.1% 부자로 가는 마지막 관문

| 임무: 적금은 더 이상 '저축'이 아니라, 당신의 부를 가두는 '족쇄'다

앞서 우리는 숨은 돈을 찾고, 입출금 통장을 털어 '군자금'을 만들었다. 이제 마지막이자 가장 어려운 임무가 남았다. 바로 우리 머릿속에 뿌리 깊게 박힌 '성실하게 적금 붓는 게 최고'라는 고정관념을 파괴할 차례다.

단언컨대, 지금과 같은 인공지능(AI) 혁명기에 은행 적금만 고집하는 것은 '안전한 가난'을 선택하는 것과 다름없다. 이 마지막 임무를 완수한다면, 당신의 경제독립은 이제 시간문제일 뿐이다.

왜 적금과 헤어져야 하는가?(냉혹한 현실)

은행은 당신 돈으로 부자가 된다

은행의 비즈니스 모델은 단순하다. 당신에게 연 3~4% 이자를 주고 돈을 빌려(예적금), 그 돈을 기업이나 대출자에게 빌려주거나 투자해서 훨씬 높은 수익을 챙긴다. 즉, 당신은 은행이라는 '거인'이 투자할 종잣돈을 대주는 '물주' 역할만 하고 푼돈을 받아가는 셈이다. 왜 그 돈을 은행에 맡기는가? 당신이 직접 '거인(애플, 테슬라, 엔비디아)'에게 투자하면 그 과실을 온전히 가져갈 수 있는데 말이다.

인플레이션이라는 '보이지 않는 도둑'

짜장면 값이 5천 원에서 1만 원이 되는 데는 그리 오랜 시간이 걸리지 않았다. 물가가 오르는 속도(인플레이션)는 항상 은행 이자율보다 빠르거나 비슷하다. 적금 이자로 100만 원을 받아봤자, 물가가 올라서 그 돈으로 살 수 있는 물건은 줄어든다. 숫자는 늘었지만, 돈의 '실질 가치'는 쪼그라든 것이다. 적금통장은 자산을 불려주는 요술 램프가 아니라, 당신의 구매력을 옭아매는 '족쇄'일 뿐이다.

상황별 적금 처분 매뉴얼(Action Plan)

그렇다면 당장 은행으로 달려가야 하는가? 그렇다. 단, 상황에 따라 전략이 다르다. 냉철하게 계산기를 두드려 보자.

Case A: 만기가 얼마 남지 않은 경우(자녀 통장 추천)

- **상황:** 1년 만기 적금인데 1~2달 남았다.
- **해법:** 굳이 해지해서 이자를 날릴 필요는 없다. 하지만 기다리지 마라.
  - 만약 자녀 통장이라면, 부모가 '만기 예상 금액'을 미리 자녀의 투자 계좌에 넣어주고(선지급), 해당 적금은 만기 때 부모가 회수하거나 그때 추가 매수 자금으로 써라.
  - 이유: 혁신 기업의 주가는 당신의 적금 만기를 기다려주지 않는다. 테슬라나 비트코인이 한 달 새 10% 오르는 것은 예사다. 고작 3% 적금 이자 받으려다 30% 상승 기회를 놓치는 '기회비용'를 생각하라.

Case B: 시작한 지 얼마 안 된 경우(과감한 결단)

- **상황:** 적금 부은 지 6개월 미만이거나, 만기가 한참 남았다.

- 해법: 뒤도 돌아보지 말고 해지하라.

    - 중도 해지 이율이 낮아서 손해라고? 아니다. 그 돈을 지금 당
      장 엔비디아나 비트코인에 옮겨서 얻을 기대 수익률이 해지로
      인한 손실보다 수십 배 크다.

    - 원칙: 해지 환급금의 최소 50% 이상은 즉시 우량 자산(주식/코
      인) 매수에 투입하라. 나머지는 현금 보유하며 조정장을 기다
      려도 좋다.

Case C: 절대 해지하면 안 되는 예외(필수 방어막)

- **유지:** 내 집 마련을 위한 '주택청약종합저축(청년우대형 포함)'과 절
  세 혜택이 강력한 'ISA(개인종합자산관리계좌)' 내의 예금.

- 이들은 투자가 아니라 '생존 필수템'이자 '세금 방패'다. 이 두 가
  지를 제외한 모든 단순 적금은 '구조조정 대상 1순위'다.

새로운 저축 공식: "주식이 곧 현금이다"

많은 사람들이 "주식에 돈 묶이면 급할 때 못 쓰잖아요?"라고 묻
는다. 천만의 말씀이다. 주식은 언제든 팔아서 현금화할 수 있다
(D+2일이면 통장에 들어온다).

돈이 일을 하게 해야 한다. 당신의 소중한 종잣돈은 잠시도 쉬게 해서는 안 된다. 당신보다 돈을 더 잘 버는 일론 머스크(테슬라), 젠슨 황(엔비디아)이 당신을 위해 일하게 만들어라.

살다 보면 급전이 필요할 때가 있다. 그때는 적금을 깨듯, 투자한 주식에서 '딱 필요한 만큼만' 부분 매도해서 쓰면 된다. 이것이 바로 자산가가 누리는 '셀프 배당' 시스템이다.

마지막 당부: "시간이란 무기를 버리지 마라"

종잣돈이 적을수록, 나이가 어릴수록(자녀일수록) 이 원칙은 절대적이다. '시간'은 복리라는 마법을 부리는 가장 강력한 재료다.

100만 원을 3% 적금에 10년 묵히면 134만 원이 되지만, 연평균 20% 성장하는 우량 기업에 10년 묻어두면 619만 원이 된다(이것도 최소한의 가정이다. 엔비디아는 8년 만에 50배가 되지 않았는가!). 이제 은행 창구 직원에게 미소 지으며 말하라. "적금은 됐다. 제 돈은 제가 직접 굴리겠다."

이 마지막 임무까지 완수했다면, 축하한다. 당신은 이제 상위 0.1%의 경제독립군으로 거듭날 모든 준비를 마쳤다. 이제 남은 것은 '꾸준함'뿐이다. 당신의 승리를 의심하지 마라.

Part 2

거대한 패러다임의 변화 : 부의 지도가 바뀌었다. 바뀐 공식에 적응하라

4장

경제독립의 첫걸음,
잘못된 재테크 방식에서 깨어나자!

영화 〈매트릭스〉를 기억하는가? 주인공 네오에게 모피어스는 두 개의 알약을 내민다. 진실을 알게 되는 '빨간 약'과, 거짓된 현실에 안주하는 '파란 약'. 안타깝게도 지금 대다수의 사람들은 기계가 만들어낸 환상 속에 사는 영화 속 인물들처럼, 낡은 재테크 방식에 갇혀 있다.

'아껴 쓰고 저축하면 부자가 된다'는 파란 약을 삼킨 채, 인플레이션에 내 돈이 녹아내리는 것도 모르고 은행 적금만 고집한다. 혹은 '부동산 불패' 신화에 기대어 영혼까지 끌어모아 집 한 채에 인생을 건다.

단언컨대, 그 방식의 유효기간은 끝났다. 당신이 지금 눈을 뜨고

마주해야 할 진실, 즉 '빨간 약'은 바로 거대한 패러다임의 변화다. 돈이 흐르는 물길이 완전히 바뀌었다. 이 변화를 직시하지 못하면, 당신의 경제독립은 영원히 불가능하다.

10년마다 바뀌는 부의 지도, 당신은 어디에 서 있는가?

백문이 불여일견이다. 지난 30년간 전 세계에서 가장 돈을 많이 번 기업들의 순위 변화를 살펴보자. 이 표 하나에 우리가 나아가야

부의 대이동: S&P 500 시가총액 상위 기업 변화(1990~2025)

시대 (연도)	주도 산업 (Keyword)	왕좌의 주인(1~3위)	변화의 핵심
1990년	에너지/제조	①엑슨모빌(석유) ②IBM(PC) ③GE(제조)	전통 산업의 전성기 기름과 기계가 돈을 벌었다
2000년	인터넷(닷컴)	①GE ②마이크로소프트 ③엑슨모빌	인터넷의 태동기 MS가 SW 강자로 부상했다
2010년	모바일 혁명	①엑슨모빌 ②마이크로소프트 ③애플(iPhone)	스마트폰의 등장 애플이 세상을 연결하기 시작했다
2020년	플랫폼/전기차	①애플 ②마이크로소프트 ③아마존	팬데믹으로 디지털 가속화 테슬라가 전기차 붐을 일으켰다
2025년	AI(인공지능)	①엔비디아(AI 칩) ②애플 ③마이크로소프트	AI 혁명의 폭발 엔비디아가 애플을 제치고 황제가 되었다

할 길이 명확하게 담겨 있다.

이 표가 말해주는 진실은 잔인할 정도로 명확하다. '영원한 1등은 없다.'

거대한 패러다임의 변화에 재빠르게 올라탄 기업(애플, MS, 엔비디아)은 살아남아 더 큰 부를 거머쥐었지만, 과거의 영광에 취해 변화를 거부한 기업(GE, IBM)은 역사의 뒤안길로 밀려났다.

개인의 재테크도 마찬가지다. 지금 당신의 돈은 어디에 머물고 있는가? 1990년대식 '적금 통장'인가, 아니면 2026년식 'AI와 로봇' 중심인가? 패러다임의 변화에 눈감고 있다면, 당신의 자산은 과거의 1등이었던 GE나 엑슨모빌처럼 서서히, 그러나 확실하게 도태될 것이다.

당신은 어떤 선택을 할 것인가?: 거인의 어깨에 올라타라

그렇다면 우리는 어떤 선택을 해야 할까?

가장 이상적인 방법은 당신이 직접 일론 머스크(테슬라)나 젠슨 황(엔비디아)보다 더 뛰어난 회사를 창업하는 것이다. 그래서 억만장자가 된다면 그보다 완벽한 경제독립은 없을 것이다.

하지만 냉정하게 현실을 직시하자. 나를 포함한 대다수 평범한 사람은 창업의 리스크를 감당하기 어렵다. 우리는 누군가가 세운 회사에서 월급을 받으며 살아가는 샐러리맨이다. 운 좋게 대기업에 다닌다 해도, 앞서 보았듯 세계 최고의 기업조차 10년을 장담하지 못하는 살얼음판 위에서 우리의 고용 안정성은 장담할 수 없다.

그래서 우리는 '차선책'을 택해야 한다. 바로 나보다 더 똑똑하고, 더 열심히 일하며, 세상을 바꿀 혁신을 이끄는 '거인'의 어깨에 올라타는 것이다. 앞으로 다가올 2030년, 부의 흐름은 어디로 갈까?

당신이 잠자는 동안에도 일론 머스크는 공장에서 밤을 새우고, 젠슨 황은 새로운 AI 칩을 개발한다. 당신의 소중한 종잣돈이 그들의 열정과 혁신에 투자되어야 한다. 이것이 바로 '돈이 나를 위해 일하게 만드는 시스템'의 핵심이다.

미리 보는 미래: 2030년 부의 패러다임(3대 키워드)

패러다임	핵심 변화(What)	경제적 영향(Impact)
AI & 로보틱스	자율주행, 휴머노이드 로봇 (대표기업: 테슬라, 엔비디아)	인간 노동의 대체 생산성 50% 폭발적 증가
블록체인 & 금융	비트코인, 탈중앙화 금융 (대표자산: BTC, ETH)	화폐의 주권 이동 인플레이션 헤지 및 거래 비용 절감
지속가능 & 바이오	친환경 에너지, 유전자 편집 (대표 분야: 에너지 저장, 헬스케어)	수명 연장에 따른 거대 시장 형성

지금 당장 깨어나라. 그리고 선택하라. 과거에 머물며 서서히 가난해지는 파란 약을 먹을 것인가, 아니면 미래의 거인들과 동업하며 경제독립의 길로 나아가는 빨간 약을 먹을 것인가. 그 시작은 거창할 필요가 없다. 단돈 10만 원, 아니 1만 원이라도 좋다. 지금 당장 당신의 계좌에 혁신의 씨앗을 심는 '실행'만이 유일한 정답이다.

5장

혁신의 파도,
올라타지 않으면 휩쓸려 밀려난다!

노동으로부터의 해방: 테슬라가 그리는 로보택시 세상

미국 텍사스주 오스틴. 그곳에서는 이미 미래가 시작되었다. 2025년 6월, 테슬라의 FSD(완전자율주행) v14가 탑재된 '사이버캡(Cybercab)'이 도로 위를 달리기 시작했다.

놀라운 점은 기술만이 아니다. 로보택시의 요금은 인간 운전자가 모는 택시나 우버보다 훨씬 저렴하다. 사고율은 낮고, 요금은 싸고, 이동하는 동안 뒷좌석에서 편안하게 잠을 자거나 업무를 볼 수 있다. 과거 우리가 계단을 오르내리는 노동에서 해방시켜준 엘리베이

[사이버캡 로보택시 사진] 운전대와 페달이 없는 테슬라의 미래형 로보택시. 이동의 패러다임이
바뀌고 있다

터처럼, 이제 인류는 자율주행 기술을 통해 '운전 노동'으로부터 완
전히 해방될 것이다. 이는 거스를 수 없는 거대한 흐름이다.

화폐의 진화: 달러의 위기와 비트코인의 기회

금융 시스템 또한 2008년 금융위기 이후 거대한 지각변동을 겪고
있다. 미국의 국가 부채는 눈덩이처럼 불어나고, 무제한으로 찍어
내는 종이돈(달러)의 가치는 필연적으로 하락하고 있다.

이때 등장한 구원투수가 바로 비트코인이다. 발행량이 2,100만
개로 딱 정해져 있는 비트코인은 인플레이션을 방어하는 가장 강력

Part 1

한 방패다. 심지어 미국 정부조차 국가 부채를 해결하기 위해 비트코인을 100만 개 이상 비축하는 방안을 논의하고 있다. 세계 최대 자산운용사 블랙록이 "당신의 포트폴리오에 2% 정도는 비트코인을 담아라"고 권고하는 데는 다 그만한 이유가 있다.

2030년을 이끌 7인의 거인들

AI 혁명의 속도는 상상을 초월한다. 지금 당신의 소중한 종잣돈이 은행 통장에서 쿨쿨 잠자고 있을 때가 아니다. 단돈 1/10이라도 꺼내어, 밤낮없이 일하며 세상을 바꾸는 이 기업들의 주인이 되어야 한다.

①테슬라(Tesla): 자율주행과 휴머노이드 로봇의 선두 주자.

②엔비디아(NVIDIA): AI 시대의 곡괭이, H100·블랙웰 칩의 독점적 지배자.

③팔란티어(Palantir): 빅데이터와 AI로 세상을 시뮬레이션하는 디지털 트윈의 강자.

④아이온큐(IonQ): 다가올 양자컴퓨터 시대를 이끌 게임 체인저.

⑤비트코인(Bitcoin): 디지털 시대의 황금, 인플레이션 헤지의 최후 보루.

⑥이더리움(Ethereum): 모든 자산을 토큰화하는 디지털 금융의 고속
도로.

⑦도지코인(Dogecoin): 일론 머스크와 함께 대중의 화폐로 진화하는
커뮤니티의 힘.

이들은 최소 수억 원이 있어야 살 수 있는 빌딩이 아니다. 커피 한 잔 값, 단돈 몇 만 원으로도 즉시 투자가 가능한(소수점 투자) 경제독립의 씨앗들이다.

당신은 구경꾼인가, 주인공인가?

여기까지 읽고도 '음, 좋은 얘기네. 나중에 한번 생각해 보지 뭐'라며 덮어둔다면, 당신은 또다시 기회를 놓치게 될 것이다. 귀차니즘과 무기력함이 당신의 발목을 잡도록 내버려 두지 마라.

자리를 털고 일어나라. 스마트폰을 켜라. 소중한 당신은 마음만 먹으면 무엇이든 이룰 수 있는 사람이다. 지금 심은 작은 씨앗 하나가, 10년 뒤 당신을 울창한 숲으로 안내할 것이다.

6장

은행 통장에
잠자는 돈을 제발 깨워라!

당신은 재테크 '호갱'인가, '주인'인가?

속된 말로 어수룩하여 이용하기 좋은 손님을 '호갱'이라고 한다. 나는 은행 창구에서 37년간 일하며, 안타깝게도 스스로 호갱을 자처하는 분들을 너무나 많이 보았다.

이자가 거의 없는(연 0.1%) 수시입출금 통장에 수백만 원, 심지어 수천만 원을 그냥 넣어두는 고객들. "고객님, ISA(개인종합자산관리계좌)나 정기예금으로 옮기시면 이자를 훨씬 더 받으실 수 있어요"라고 안내해도, 귀찮다며 눈과 귀를 닫아버린다.

반면, 내가 운영하는 유튜브 채널 〈3.1 경제독립TV〉의 'ISA 비과세 꿀팁' 영상 하나를 보고 100만 원 이상의 이자를 더 챙겨갔다며 고마워하던 꽃집 사장님도 계셨다. 같은 돈을 가지고 있어도, 관심을 갖느냐 방치하느냐에 따라 결과는 하늘과 땅 차이이다.

100만 원이 1억 원이 되는 마법을 놓치다

'고작 100만 원 가지고 뭘 하겠어?'라고 생각하는가?

여기 당신이 놓쳐버린, 뼈아픈 진실을 보여주는 표가 있다. 만약 당신이 10년 전(2015년), 통장에 잠들어 있던 100만 원을 깨워 혁신 기업에 투자했다면 지금 어떤 일이 벌어졌을까?

100만 원의 기적_2015년 투자 시뮬레이션 결과(2015→2025)

투자 자산(각 25만 원 등분)	2015년 가치	2025년 현재 가치	수익률(배수)
테슬라(Tesla)	25만 원	약 3,300만 원	132배
엔비디아(NVIDIA)	25만 원	약 6,700만 원	268배
비트코인(BTC)	21만 원	약 1,500만 원	71배
이더리움(ETH)	9만 원	약 400만 원	44배
총 합계	100만 원	약 1억 1,181만 원	110배

놀랍지 않은가? 은행에 뒀다면 이자 몇 만 원 붙어 103만 원이 되었을 돈이, 1억 1천만 원이라는 거금으로 불어났다. 이것이 바로 '자본이 일하게 하는 시스템'의 위력이다.

물론 지나간 버스는 돌아오지 않는다. 하지만 중요한 것은 '2년 일찍 투자한 사람이 10년 일찍 부자가 된다'는 사실이다(2017년에 투자했다면 1억 원이 아니라 약 2,000만 원이 되었을 것이다. 타이밍이 생명이다).

지금도 늦지 않았다: 미래의 1억 원을 찾아라

10년 전의 기회는 놓쳤지만, 앞으로 다가올 10년의 기회는 여전히 우리 손안에 있다. AI와 로봇, 블록체인 혁명은 이제 막 시작되었기 때문이다.

지금 당신이 해야 할 일은 단 하나다. 앞서 소개했던, 여기저기 흩어져 잠자고 있는 휴면 계좌 속 푼돈, 잊고 있던 보험금, 소멸 직전인 카드 포인트를 모조리 찾아내는 것이다. 별도의 종잣돈을 마련할 필요도 없다. 이미 당신이 가지고 있었지만 모르고 있었던 그 돈이 바로 '경제독립 씨앗'이다.

7장

[팩트 폭격]

은행 예금·적금으로 경제독립?
"꿈일 뿐이다"

충격주의: 당신의 돈이 은행에서 썩어가고 있다는 결정적 증거

많은 사람이 '주식은 위험하고 예금은 안전하다'는 착각 속에 산다. 과연 그럴까? 여기 당신의 믿음을 산산조각 낼, 그리고 10년 뒤 당신의 인생을 가를 충격적인 성적표가 있다. 숫자는 거짓말을 하지 않는다. 냉정하게 직시하라.

안전한 가난 vs. 위험한 부: 10년의 결과

가정해 보자. 당신이 10년 전(2015년), 100만 원을 들고 은행에 갔을 때와 주식 시장에 갔을 때의 차이는 다음과 같다.

100만 원의 10년 성적표(2015.11→2025.11 기준)

구분	은행 예금(안전?)	테슬라 투자(위험?)	결과
최종 자산	126만 9천 원	약 3,408만 원	약 27배 차이
수익률	+26.9%	+3,308%	비교 불가
실질 가치	-마이너스(손실) (물가상승률 반영 시)	+폭발적 성장 (인플레 압도)	예금은 실질적으로 내 돈을 까먹었다

은행에 돈을 맡긴 당신은 10년 동안 고작 26만 원의 이자를 얻었다. 그사이 짜장면 값은 2배가 올랐다. 즉, 당신은 10년 전보다 더 가난해졌다.

반면, 혁신 기업에 투자한 사람은 3,400만 원을 손에 쥐었다. 이것이 자본주의의 냉혹한 진실이다.

시간의 복수: "2년 늦으면 수익은 반토막 난다"

"이미 늦지 않았나요?"라고 묻는 당신에게 보여줄 더 잔인한 데이터가 있다. 투자를 망설인 2년이라는 시간이 얼마나 큰 비용을 치르게 하는지 확인하라.

시작 시점	투자 기간	10년 뒤 자산 가치	비고
2015년(빠른 실행)	10년 보유	3,408만 원	100만 원→3,400만 원
2017년(2년 지체)	8년 보유	1,981만 원	2년 늦었는데, 수익금은 절반 조금 상회

단지 2년 늦게 시작했을 뿐인데, 자산은 1,400만 원이나 차이가 난다. 이것이 바로 복리의 마법이자, 시간의 복수다. 당신이 할까 말까 망설이는 오늘 하루, 당신의 미래 자산은 기하급수적으로 증발하고 있다. 아직도 망설이고 머뭇거릴 시간이 있다고 생각하는가?

신동일 소장의 결론: "지금 당장 은행에서 탈출하라"

부자들은 예금을 '투자 대기 자금'을 잠시 보관하는 금고로만 쓴다. 그런데 왜 부자가 되고 싶은 당신은 전 재산을 은행에 가두어 두는가?

물론 투자는 원금 손실의 위험이 있다. 하지만 아무것도 투자하지 않는 것이야 말로 '확실하게 가난해지는' 가장 위험한 도박이다.

지금 당장 은행 앱을 켜라. 그리고 0.1% 이자에 묶여 있는 당신의 돈을 해방시켜라. 그 돈이 테슬라가 되고, 엔비디아가 되고, 비트

코인이 되는 순간, 당신의 경제독립 시계는 비로소 돌아가기 시작할
것이다.

"가장 좋은 투자 시기는 10년 전이었다. 두 번째로 좋은 시기는
바로 오늘이다."

[에피소드 #1]

2022년의 엄동설한: 수술대 위에서 맞이한 '반대매매'의 공포

| 내 꿈을 지켜준 것은 테슬라가 아니라, 아내의 비상금이었다

2022년 12월, 세상이 온통 크리스마스와 연말 분위기로 들썩일 때, 나는 차가운 병상에 누워 있었다. 강원도 인제 한계리. 내가 그토록 꿈꾸던 '경제독립본부'를 내 손으로 일구겠다며 삽질과 톱질을 마다하지 않은 훈장이었을까. 오른쪽 어깨에 찾아온 따끔한 통증을 약으로 버티며 2년을 보냈는데, 결국 MRI가 내린 진단은 냉혹했다. "회전근개 파열입니다. 힘줄이 끊어졌어요. 당장 수술하셔야 합니다."

수술은 잘 끝났다. 하지만 진짜 고통은 마취가 풀리면서 찾아온 어깨의 통증이 아니었다. 희미한 의식 속에서 확인한 핸드폰 문자 메시지 한 통. 그것은 내 인생을 송두리째 흔드는 비보였다.

[XX증권] 고객님, 담보 비율 부족으로 내일 오전 반대매매 예정입니다.

하필이면 내가 수술대 위에 누워 무방비 상태일 때, 테슬라 주가는 108달러, 5년 내 최저점이라는 나락으로 떨어지고 있었다. 경제독립의 길은 이토록 매정했다. 2012년부터 『한국의 슈퍼리치』를 쓰고, 250회 넘게 강연을 하며 '경제독립'을 외쳐온 나였지만, 시장의 거대한 공포 앞에서는 그저 힘줄 끊어진 나약한 환자일 뿐이었다.

눈앞이 캄캄했다. 지금 반대매매를 당하면 내 꿈도, 우리 가족의 미래도 헐값에 청산당한다. 하지만 내겐 당장 융통할 현금이 없었다. 그때, 나를 구원한 것은 테슬라의 반등이 아니었다. 바로 아내였다.

며칠 뒤, 퇴원해 식탁에 마주 앉은 아내는 찻잔을 만지작거리며 담담하게 말했다.

"여보, 수술 받고 누워 있는 당신 보는데, 참 기가 안 차더라. 경제독립 한답시고 몸은 망가졌지, 주식은 반토막 나서 반대매매 들어오지."

아내는 잠시 말을 잇지 못하고 고개를 저었다. 그러더니 헛웃음을 지으며 한마디를 덧붙였다.

"게다가 더 기가 막힌 게 뭔지 알아요? 계좌를 들여다봤더니, 그 난리통에 자투리 돈 긁어모아서 '108달러 바닥 기념'이라고 1주를 더 사놨더라? 참, 나."

아내는 어이가 없다는 듯 한숨을 쉬었다. 하지만 그녀는 나를 비난하는 대신, 장롱 깊숙이 꼬깃꼬깃 모아둔 자신의 비상금를 털어 내 계좌에 넣어주었다. 그 못 말리는 남편의 1주까지도 지켜주기 위해서였다. 평소 "제발 적금 좀 들어"라고 잔소리하던 안전 지향적인 아내가, 가장 위험한 순간에 남편의 무모해 보이는 꿈을 지켜준 것이다.

"당신이나 나나, 참 힘들게 살았다. 그렇죠?"

아내의 엷은 미소에 나는 아무 말도 할 수 없었다. 목이 메었다. 돌이켜보면 2012년부터 13년간, 내가 앞만 보고 달릴 수 있었던 건 뒤에서 묵묵히 버텨준 아내 덕분이었다. 그녀의 비상금이 없었다면, 지금의 우상향 하는 테슬라 계좌도, 비트코인 수익도 존재하지 않았을 것이다.

경제독립을 꿈꾸는 여러분에게 고백한다. 이 길은 결코 꽃길이 아니다. 때로는 수술대 위에서 파산의 공포를 마주해야 하고, 바닥 밑에 지하실이 있다는 걸 경험해야 한다. 그렇기에 나는 뼈저리게 조언한다.

첫째, 절대 올인하지 마라. 가진 돈의 10분의 1이라도 좋으니 발을 담그는 것이 중요하지, 인생을 걸고 도박하듯 덤비면 위기 때 버틸 수 없다.

둘째, 가족과 함께 가라. 나 같은 공격수가 있다면, 아내 같은 수

비수도 있어야 한다. 내가 무너질 때 나를 일으켜 세워줄 사람은 일론 머스크가 아니라 바로 내 옆의 가족이다.

요즘 나는 설거지를 도맡아 한다. "어머, 당신 웬일이야? 이렇게 깨끗하게 해놓고, 호호." 아내의 칭찬 한마디가 빨간색 양봉 차트보다 더 반갑다.

8장

[저자의 고백]

샐러리맨도 100억 부자가 될 수 있을까?

| 내가 10년 전, 그 3천만 원을 엔비디아에 묻어뒀다면

'월급쟁이도 100억 슈퍼리치가 될 수 있을까?'

이것은 내가 37년 금융인 생활을 하며 품어왔던 화두이자, 지금 까지도 추구하고 있는 꿈이다.

부자들에게 종잣돈의 기본 단위는 1천만 원이 아닌 1억 원이다. 1억이 모여야 10억이 되고, 100억이 된다. 문제는 평범한 직장인이 월급만으로 이 1억 원을 어떻게 만드느냐다.

대부분의 직장인은 월급에 의존한다. 나 또한 그랬다. 새벽 거리 를 청소하는 분들의 노고 덕분에 우리가 깨끗한 길을 걷듯, 직장은 생계 수단이자 사회 기여의 장이다. 하지만 냉정히 말해, 직장에 다니는 것만으로는 강력한 경제독립 시스템을 구축하기 어렵다. 나이가 들수록 직장에 더 종속되고, 경제독립의 의지는 점점 희미해지기 십상이다.

2012년의 외침: "월급쟁이도 할 수 있다"

2012년 한국경제 인터뷰. 당시 나는 미용실 원장님, 카센터 사장님 등 흙수저 부자들의 사례를 들며 '월급쟁이도 100억 부자가 될 수 있다'는 꿈을 세상에 알렸다.

나는 PB(프라이빗 뱅커)로서 수많은 언론 인터뷰를 했다. 그 중 내 가슴에 가장 깊이 남은 기사가 있다. 2012년 5월, 첫 책『한국의 슈퍼리치』를 출간하며 했던 인터뷰다.

당시 나는 부동산 경매로 강원도 인제 땅을 낙찰 받고, 인천 땅 투자로 5배 수익을 내기도 했다. 건국대 부동산 대학원까지 진학하며 '부동산 불패' 신화를 좇았다. 그때까지 내 성공 방정식은 단연 '부동산'이었다.

2017년의 통찰: 패러다임의 변화를 읽다

하지만 5년 뒤, 세상은 변하고 있었다. 나는 직감적으로 '부의 이동'을 감지했다. 2017년 조선일보 인터뷰에서 나는 "이제 부자들은 부동산을 줄이고 미국 기술주를 산다"고 역설했다.

나는 방향성은 정확히 알고 있었다. 하지만 솔직히 고백한다. 나는 아는 것을 100% 실행하지 못했다. 여전히 내 자산의 상당 부분은 부동산에 묶여 있었고, 혁신 기업에 대한 투자는 과감하지 못했다.

朝鮮日報

"수퍼 리치들, 부동산 줄이고 애플·아마존·페이스북株 산다"

〈4차 산업혁명 연관된 해외 우량 주식〉

신동일 KB국민은행 도곡스타PB센터 부센터장

국내 은행권에서 대표적인 '수퍼 리치' 전문가 중 한 명으로 꼽히는 신동일 KB국민은행 도곡스타PB센터 부센터장이 지난 19일 서울 도곡동 도곡스타PB센터에서 본지와 인터뷰를 갖고 국내 초고액 자산가들의 최근 투자 트렌드에 대해 설명했다. 신 부센터장은 "요즘 부동산 비중을 과거 70~80%에서 50% 이만으로 줄이고 부자들이 늘고 있다" "대신 애플, 아마존, 페이스북 등 4차 산업혁명에 연관된 해외 주식을 선호하는 것이다."

1000억 자산가와 100억 자산가
자산 1000억원대 고객은
年 3~5% 안정수익 추구하지만
자산 100억원대 고객은
年 수익률 10% 달성 원하죠

수퍼 리치들의 투자 경향
되겠다 싶으면 24시간내 저질러
일반인들은 1~2개월 추이 살펴

"부자들, 부동산 줄이고 애플·아마존·페이스북 주식 산다"

"100억원대 자산가 부부가 커피 한 잔도 나눠 마시더라"

"커피를 한 잔 덜 마시고 스타벅스 주식을 사보자"

이신영 기자

2017년 조선일보 인터뷰. 4차 산업혁명의 도래와 함께 부동산에서 애플, 아마존 같은 혁신 기업으로 부의 축이 이동하고 있음을 정확히 예견했다.

2015년 가을, 나의 뼈아픈 선택 (3,000만 원의 갈림길)

그리고 여기, 내 투자 인생에서 가장 뼈아픈, 하지만 독자 여러분에게는 가장 큰 교훈이 될 이야기가 있다.

시간을 2015년 가을로 되돌려보자. 당시 나는 경제독립 운동을 하겠다는 꿈을 품고, 아내의 소중한 쌈짓돈과 내가 보유하고 있던 엔비디아(NVIDIA) 주식을 모두 팔아 3,000만 원을 만들었다. 그리고 그 돈으로 나의 경제 철학을 담은 〈마이라이프북〉 다이어리 3,000권을 제작했다.

물론 후회하지 않는다. 그 다이어리 덕분에 수많은 사람이 꿈을 시각화하고 경제독립의 길에 들어섰으니까. 하지만 투자자의 관점에서 계산기를 두드려보면 속이 쓰린 것은 어쩔 수 없다.

'만약 그때, 그 3,000만 원을 엔비디아에 그대로 두었다면?'

3,000만 원의 10년 성적표: 마이라이프북 vs. 엔비디아(2015~2025)

구분	2015년 (선택의 순간)	2025년 (현재 가치)	변화 (수익률)
선택 A (마이라이프북 제작)	3,000만 원	경제독립 운동의 밑거름 (무형의 가치+보람)	가치 산정 불가 (경험 자산)
선택 B (엔비디아 투자)	3,000만 원	약 110억 원	약 360배 폭등 (주식분할+환차익 포함)

결과는 충격적이다.

2015년 당시 액면분할 전 기준으로 몇 달러에 불과했던 엔비디아 주식은, AI 혁명을 타고 10년 만에 360배 이상 폭등했다.

내가 그때 엔비디아 주식을 팔지 않았다면, 지금 내 통장에는 110억 원이 찍혀 있었을 것이다. '3,000만 원이 110억 원이 되는 기적'을 내 손으로 놓친 셈이다.

이것이 바로 패러다임의 변화를 읽고, 혁신 기업에 장기 투자했을 때 벌어지는 마법이다.

10만 원이라도 좋다, 지금 씨앗을 심어라

지나간 버스는 돌아오지 않는다. 하지만 다행인 것은 AI와 블록체인이 이끄는 새로운 혁명이 이제 막 2막을 열었다는 점이다. 10년 전의 나는 엔비디아를 팔았지만, 지금의 나는 더 현명해졌다. 나는 다시 씨앗을 심고 있다. 그리고 독자 여러분께 간곡히 제안한다.

"제2의 엔비디아, 제2의 테슬라는 지금도 자라나고 있다."

당신이 재테크 초보라면, 전 재산을 걸 필요는 없다. 내 집 마련을 위한 청약통장은 유지하되, 매월 단돈 10만 원이라도 떼어내어 혁신 기업에 투자하라.

- AI와 로봇의 심장: 테슬라, 엔비디아, 팔란티어, 아이온큐…
- 디지털 자산의 미래: 비트코인, 이더리움, 그리고 도지코인…

이들은 이제 '위험한 도박'이 아니라, 미래의 부를 선점하는 '입장권'이다. 10만 원은 작은 돈이지만, 그 돈이 들어가면 당신의 눈은 달라진다. 매일 주가를 확인하고, 뉴스를 챙겨보며, 자연스럽게 살아있는 경제 공부를 하게 된다. 100만 원 정도는 수업료로 다 날려도 좋다는 각오로 시작해 보라.

차일피일 미루다 보면 10년은 금방 지나간다. 그때 가서 '아, 10년 전에 테슬라 살 걸' 하며 후회만 남길 것인가? 아니면 시간이라는 무기를 활용해 10년 뒤 100억 경제독립을 이루고 웃을 것인가? 선택은 지금 당신의 손가락 끝에 달려 있다.

9장

[팩트 폭격]

부동산만 고집하면 벼락거지 된다!
충격적인 진실

| 집 한 채에 목숨 걸지 마라, 부의 방정식은 바뀌었다

대한민국에서 부동산은 종교와도 같았다. '서울 아파트는 무조건 오른다'는 믿음 하나로 모든 국민이 청약통장과 대출에 매달렸다. 하지만 저출산, 고령화, 저성장이라는 '삼중고'가 덮친 지금, 부동산 불패 신화는 서서히 금이 가고 있다.

현실을 직시하자. 10억 원대 아파트를 월급만 모아 사려면 숨만 쉬고 30년을 모아야 한다. 무리하게 영끌(영혼까지 끌어모아 대출)을 했다가는 평생 은행이자만 갚다가 인생이 끝난다.

그렇다면 우리는 어떤 선택을 해야 할까? 여기 또다시 충격적인 데이터가 있다.

구분	부동산(서울 아파트)	혁신 포트폴리오 (테슬라 70%+비트코인 30%)
투자 원금	1억 원	1억 원
10년 후 가치	약 2억 4,400만 원	약 96억 1,400만 원
수익률	약 2.4배(+144%)	약 96배(+9,514%)
비고	세금, 대출 이자 제외 전	부동산 대비 약 40배 플러스

결과는 잔인하다. 부동산에 1억을 묻어둔 사람은 2억 4천만 원을 만들었지만, 같은 돈을 테슬라와 비트코인에 나눠 담은 사람은 96억 원을 만들었다.

부동산이 나쁘다는 게 아니다. 다만 부동산'만' 고집하는 것은 가장 빠르게 부자가 될 기회를 제 발로 걷어차는 행위라는 말이다.

눈치 빠른 부자들은 이미 짐을 쌌다

부의 흐름을 가장 먼저 읽는 '찐부자'들의 움직임을 보라. KB금융 보고서에 따르면, 한국 부자들은 부동산 비중을 줄이고 주식과 가상 자산 비중을 급격히 늘리고 있다. 미국 등 선진국 부자들은 이미 자산의 20% 이상을 비트코인과 테슬라 같은 혁신 자산에 배분하고 있다.

'부자들은 땅을 팔아 테슬라를 사고 있는데, 서민들은 대출 받아

그 땅을 사고 있다.' 이 얼마나 아이러니한 상황인가?

청년들을 위한 현실적 대안: 투 트랙(Two-Track) 전략

그렇다면 내 집 마련을 포기하라는 말인가? 아니다. '소유'보다는 '거주'에 집중하고, 남는 자금으로 '투자'를 병행하는 현명한 전략이 필요하다. 특히 2030 청년들이라면 다음 '투 트랙 전략'을 반드시 실행하라.

Track 1. 안전판 확보(청년우대형 청약통장)

내 집이 없다면 일반 적금보다 1순위로 가입해야 하는 것이 바로 '청년우대형 주택청약종합저축'이다.

20대 청년에게 가장 적합한 청약통장 1위 비교

구분	일반 주택청약종합저축	청년우대형 주택청약종합저축	비고
가입 대상	누구나 가능	만 19세~34세 (연소득 5천만 원 이하)	청년 특권
금리(최대)	연 2.8%	연 4.3%	1.5%p 더 받음
이자 수입 (월 50만/10년)	약 4,800만 원	약 7,200만 원	+2,400만 원
비과세 혜택	없음	이자소득 500만 원까지 비과세	세금도 절약
소득공제	연 300만 원 한도(40%)	동일 적용(연말정산 혜택)	13월의 월급
청약 기능	청약 가점 적립	청약 가점+우대 금리 대출	당첨 후 혜택 강력

이 통장은 단순한 저축이 아니다. 금리, 세금 혜택, 그리고 미래의 대출 우대까지 챙겨주는 정부가 청년에게 주는 특권이다.

Track 2. 부의 추월차선(혁신 자산 투자)

안전판(청약통장)을 마련했다면, 이제 남은 돈은 공격 앞으로다. 월급에서 청약통장에 넣고 남은 여유 자금은 무조건 테슬라, 엔비디아, 비트코인에 적립식으로 투자하라.

- 목적: 경제독립을 위한 자산 증식(100억 목표)
- 행동: 매월 월급날, 자동이체로 테슬라와 비트코인을 산다.
- 이유: 앞서 보았듯, 10년 뒤 당신을 부자로 만들어줄 것은 서울 아파트가 아니라 이 혁신 기업들이다.

10장

[실전 꿀팁]

월세 낼 돈으로 테슬라 산다!: 2030 주거비 방어 필살기 3선

| 영끌 대신 '전세 레버리지'로 시드머니를 지켜라

청년들에게 "지금 당장 집을 사라"고 강요하는 것은 폭력이다. 서울 아파트 중위 가격은 이미 10억을 넘었다. 그렇다고 매달 70~80만 원씩 월세를 내며 살면, 종잣돈은 언제 모으겠는가?

여기, 정부가 청년들에게만 몰래(?) 건네주는 '주거비 치트키' 3가지가 있다. 이 대출들을 활용하면 월 주거비를 10만 원대로 낮출 수 있다. 아낀 월세 50만 원은 고스란히 테슬라와 비트코인 적립 매수 자금이 된다.

[치트키 1] 중소기업 취업청년 전월세보증금대출(일명 '중기청')

"대한민국 역사상 가장 낮은 금리, 1.5%의 기적."

- 대상: 중소·중견기업에 다니는 만 34세 이하 청년(연 소득 3,500만 원 이하).
- 혜택: 연 1.5% 고정 금리(2025년 기준 변동 가능성 있으나 여전히 최저).
- 한도: 최대 1억 원(임차보증금의 100% 또는 80%).
- 효과: 1억 원을 빌려도 한 달 이자가 약 12~13만 원이다.
  - 비교: 월세로 살면 60만 원 낼 방을, 중기청을 쓰면 13만 원에 산다. 매달 47만 원의 공돈이 생기는 셈이다.
  - 전략: 이 돈으로 10년간 테슬라를 샀다면? 당신은 전세가 아니라 '자가'를 사고도 남았다.

[치트키 2] 청년전용 버팀목 전세자금대출

"중기청 조건이 안 된다면? 이게 정답이다."

- 대상: 만 19세~34세 무주택 청년(연 소득 5,000만 원 이하/신혼부부 7,500만 원 이하).
- 혜택: 연 1.8%~2.7%(소득에 따라 차등). 시중은행 전세대출(4~5%대)의 절반 수준이다.
- 한도: 최대 2억 원(임차보증금의 80% 이내).

- 효과: 중기청보다 한도가 높아(2억 원), 서울의 웬만한 오피스텔이나 빌라 전세를 구할 수 있다. 프리랜서나 대학생도 조건만 맞으면 가능하다.

[치트키 3] HUG 전세보증금 반환보증(안심전세)

"내 피 같은 보증금, 국가가 지켜준다."

전세 사기가 무서워서 월세 산다는 청년들이 많다. 하지만 구더기 무서워서 장 못 담그랴.

- 전략: 전세 계약 시 특약으로 '전세보증보험 가입 불가 시 계약 무효' 조항을 넣고, 입주 즉시 HUG(주택도시보증공사) 보증보험에 가입하라.
- 효과: 집주인이 망해도, HUG가 내 돈을 대신 돌려준다. 약간의 보증료(보험료)가 들지만, 내 전 재산을 지키는 비용치고는 매우 저렴하다.

[신동일 소장의 액션 플랜] 주거비 다이어트로 '1억' 만들기

계산기를 두드려 보자. 정부 지원 대출(중기청/버팀목)을 활용해 월세를 50만 원 아꼈다고 가정하면,

①매월 50만 원을 아껴서,

②연 10% 수익률을 목표로 하는 S&P500 ETF나 테슬라에 적립식 투자 한다면?

③10년 뒤: 당신의 통장에는 약 1억 원(원금 6천+수익 4천)이 쌓여 있을 것이다.

집은 사는(Buy) 것이 아니라 사는(Live) 곳이다. 젊은 시절에는 '가성비 거주(전세 대출)'로 주거비를 방어하고, 남는 현금은 '최고의 자산'에 투자하라. 그것이 흙수저가 서울 아파트를 살 수 있는 가장 빠른 지름길이다.

11장

[심층 분석]

자산의 성격이 운명을 갈랐다: '보존'하는 자산 vs. '성장'하는 자산

우리는 흔히 "부동산은 불패, 주식은 도박"이라고 말한다. 하지만 지난 10년간의 데이터는 우리의 통념과는 전혀 다른 이야기를 하고 있다.

감정을 배제하고, 냉정하게 자본의 효율성(Efficiency) 측면에서 두 자산을 비교해 보자. 이것은 단순한 수익률 게임이 아니라, 자산의 성격이 어떻게 10년 뒤의 부(富)를 결정짓는지를 보여주는 결정적 사례다.

10년의 성적표: 2.4배와 98배의 간극

2015년, 대한민국 서울의 아파트와 미국의 혁신 기업(테슬라)에 각
각 자본을 배치했을 때의 결과값이다.

**자산별 10년 성장성 정밀 분석(2015~2025)(기준: 초기 투자금 1억 원/환율 및 인플레이
션 고려)**

비교 항목	A. 서울 아파트(부동산)	B. 혁신 포트폴리오(Tech/Crypto)
자산의 성격	가치 보존(Defence) 주거 안정성+물가 방어	초과 성장(Offense) 기술 혁신+네트워크 확장
10년 수익률	약 144%(2.4배)	약 9,700%(98배)
최종 평가액	2억 4,400만 원	약 98억 원
핵심 변수	인구 감소, 규제, 세금	AI 상용화, 화폐 시스템 변화
결론	현상 유지에는 성공했으나, 부의 추월차선은 아니었다	리스크를 감수한 대가로 계층 이동에 성공했다

- 데이터 해석: 부동산 투자가 실패했다는 뜻이 아니다. 2.4배 상
  승은 훌륭한 방어였다. 하지만 같은 기간 혁신 기술에 투자된
  자본은 100배 가까이 폭발했다. 이는 '제조업/하드웨어 시대'에
  서 'AI/소프트웨어 시대'로의 거대한 부의 이동을 증명한다.

스마트 머니(Smart Money)의 조용한 이동

개인 투자자들이 영끌을 하며 부동산 막차를 탈 때, 자산 규모가 큰 슈퍼리치들은 조용히 포트폴리오를 재편하고 있었다. 그들은 감각적으로 '성장의 한계'를 느꼈기 때문이다.

한국 및 선진국 부자들의 자산 배분 트렌드 변화

구분	부동산 비중	투자자산(주식/코인) 비중	인사이트(Insight)
한국 부자	60%→55% (축소)	22%→32% (확대)	부동산 편중을 줄이고 해외 성장주로 눈을 돌림
미국 부자	(전통적 안정 유지)	26%(디지털 자산)	이미 자산의 1/4을 비트코인 등 신자산에 배분

- 데이터 해석: 부자들은 더 이상 부동산을 '증식'의 수단으로 보지 않는다. 그들은 부동산을 '자산을 지키는 금고'로 남겨두고, 새로운 부를 창출하기 위해 '디지털과 AI'로 자금을 대이동시키고 있다.

무엇이 이런 차이를 만들었나?(확장성의 차이)

왜 이런 격차가 벌어졌을까? 그것은 두 자산이 가진 확장성(Scalability)

의 차이 때문이다.

- 부동산(물리적 한계): 아파트는 땅 위에 지어진다. 인구가 줄어들고 건물이 낡으면 가치 상승에 제한을 받는다. 한국이라는 지역적 한계도 명확하다.
- 혁신 기업/비트코인(무한한 확장): 테슬라의 FSD 소프트웨어는 복제 비용 없이 전 세계로 뻗어나간다. 비트코인은 국경 없이 전송된다. 디지털 기반 자산은 물리적 제약 없이 무한대로 확장할 수 있기에, 그 가치 또한 기하급수적으로 늘어난 것이다.

[분석의 결론] 당신의 포트폴리오에는 '성장 엔진'이 있는가?

우리는 이 데이터를 통해 한 가지 사실을 직시해야 한다. 안정적인 주거(부동산)는 삶의 필수조건이지만, 경제적 자유를 앞당겨주는 가속 페달은 아니다.

지금 당신의 자산 바구니를 점검해 보라. 혹시 모든 달걀을 '더 이상 빠르게 자라지 않는 바구니(예금, 부동산)'에만 담아두고 있지는 않은가? 시대는 변했고, 부의 공식도 바뀌었다. 내 자산이 물가 상승을 겨우 따라가는 것에 만족할 것인가, 아니면 시대의 흐름에 올라타 폭발적인 성장을 도모할 것인가.

　균형 감각이 필요한 시점이다. 안전하게 지키는 자산도 필요하지만, 우리 가족의 미래를 위해 '스스로 자라나는 자산'을 포트폴리오의 한 축으로 편입시키는 지혜가 그 어느 때보다 절실하다.

12장

[상세 가이드]

경제독립의 안전벨트, '청년우대형 청약통장' 200% 활용법

| 금리+세금+대출 혜택까지, 정부가 주는 3종 선물세트 챙기기

앞서 우리는 투자의 중요성을 강조했다. 하지만 투자는 공격수다. 우리에게는 든든한 수비수도 필요하다. 그 수비수의 핵심이 바로 '청년우대형 주택청약종합저축'이다.

이 통장은 단순한 적금 통장이 아니다. 2030 청년들이 사회에 첫 발을 내디딜 때, 정부가 등 뒤에서 밀어주는 강력한 '금융 지원 시스템'이다. 조건이 된다면 가입하지 않을 이유가 0.1%도 없다.

일반 통장 vs. 청년우대형: 무엇이 다른가?(상세 비교)

"그냥 청약통장 하나 있으면 되는 거 아니에요?"라고 묻는다면, 아래 표를 꼼꼼히 살펴보라고 조언하고 싶다. 10년 뒤 당신의 통장 잔고와 내 집 마련 기회가 달라진다.

매월 50만 원씩 10년을 납입한다고 가정했을 때, 우대 금리와 비과세 혜택만으로도 일반 통장 대비 약 2,400만 원 이상의 실질적인 자산 격차가 발생한다. 이는 소형차 한 대 값이다.

청년우대형 주택청약종합저축 혜택 정밀 분석(2025년 기준)

비교 항목	일반 주택청약종합저축	청년우대형 주택청약종합저축	혜택 차이(Why?)
금리 (최대)	연 2.8%	연 4.3%	1.5%p 우대 금리 (이자 수익 극대화)
비과세 혜택	없음(이자소득세 15.4% 부과)	이자소득 500만 원까지 비과세	세금 0원 (가입 기간 2년 이상 시)
소득 공제	연 납입액 300만 원 한도 (40% 공제)	동일 적용	연말정산 시 최대 120만 원 소득공제
대출 연계	일반 디딤돌 대출	청년 전용 저리 대출 연계	당첨 후에도 이자 부담 대폭 감소
가입 조건	누구나 가입 가능	만 19~34세 연 소득 5천만 원 이하 무주택 세대주/세대원	조건 충족 시 자동 전환 가능

나도 가입할 수 있을까?(자격 요건 체크리스트)

복잡해 보이지만 핵심은 딱 3가지다. 나이, 소득, 그리고 집.

- [나이] 만 19세 이상~만 34세 이하(병역 이행 기간만큼 연장 가능, 최대 만 40세까지)

- [소득] 직전 연도 신고 소득이 연 5,000만 원 이하(근로소득, 사업소득 모두 포함)

- [주택] 본인이 무주택 세대주이거나, 무주택 세대의 세대원, 혹은 3년 내 세대주 예정자

[따라하기] 스마트폰으로 5분 만에 가입/전환하는 법

은행 창구에 가서 번호표 뽑고 기다릴 필요 없다. 지금 바로 스마트폰으로 전환할 수 있다.

준비물 챙기기

- 스마트폰(은행 앱)

- 소득확인증명서: 국세청 홈택스 앱(손택스)에서 '청년우대형 주택청약종합저축 가입 및 과세특례 신청용'으로 발급(전자지갑으로 전

송 가능)

- (이미 일반 청약통장이 있다면?) 해지할 필요 없이 '전환 신규' 메뉴를 이용하면 기존 납입 기간과 회차는 100% 인정된다.

가입/전환 절차(KB국민은행 예시)

- KB스타뱅킹 앱 실행/금융상품/적금·청약/[주택청약] 선택
- [청년우대형 주택청약종합저축] 상품 클릭
- (기존 가입자) '전환 신규' 버튼 클릭/(신규 가입자) '가입하기' 버튼 클릭
- 국세청 서류 자동 제출 동의 후 가입 완료!

대부분의 은행 앱에서 비대면으로 서류 제출부터 가입까지 한 번에 가능하다.

시크릿 팁: '납입 금액은 얼마가 적당할까?'

많은 청년이 "월 2만 원만 넣어도 되나요?"라고 묻는다. 하지만 경제독립을 목표로 한다면 전략적으로 접근해야 한다. 특히 2024년 11월, 41년 만에 제도가 바뀌면서 '황금 금액'이 달라졌다.

- 최소: 월 10만 원(최소한의 가점 관리를 위한 마지노선)
- 권장(Best): 월 25만 원

- 이유 1 (당첨 확률 급상승): 공공분양 청약 시 인정되는 월 납입 한도가 기존 10만 원에서 25만 원으로 상향되었다. 즉, 남들보다 2.5배 더 빨리 '당첨 안정권' 금액을 모을 수 있다는 뜻이다.
- 이유 2 (세금 혜택 최적화): 소득공제 한도가 연 300만 원으로 늘어났다. 월 25만 원씩 12개월을 넣으면 딱 300만 원이 되어, 연말정산 혜택(40% 공제)을 남김없이 챙길 수 있다.

[결론] 여유가 된다면 월 25만 원을 자동이체하라. 이것이 청약 당첨 확률과 13월의 월급(세금 환급)을 동시에 잡는 가장 똑똑한 전략이다.

[실전 통합편]

자녀의 경제독립, 부모의 '10만 원'과 '스마트폰'이면 충분하다

| 내 딸의 1,500만 원 수익 인증부터 계좌 개설까지, 한 번에 끝내기

많은 부모들이 묻는다. "애들이 무슨 돈이 있어서 투자를 해요?"

맞다. 아이들은 돈이 없다. 그래서 부모가 아주 작은 '빽(Back·배경)'이 되어주어야 한다. 거창한 유산이 아니다. '올바른 방향'과 '작은 마중물'이면 충분하다.

여기 내 2001년생 둘째 딸의 실제 투자 성적표를 먼저 공개한다. 100% 성공 신화가 아니다. 뼈아픈 실패와 지루한 인내가 뒤섞인 지극히 현실적인 기록이지만, 이 안에 자녀 경제독립의 모든 비밀이 숨어 있다.

[증거] 내 딸의 계좌가 보여준 투자의 민낯

2017년 10월, 고등학생이던 둘째 딸에게 용돈을 모아 60만 원을 만들게 하고, 해외 주식 계좌를 터주었다. 우리는 당시 가장 핫하다는 미국 기술주 3개를 골라 나누어 담았다.

둘째 딸의 8년 투자 성적표(2017~2025)

투자 종목	2017년 투자금	2025년 결과	성적표(팩트)
엔비디아	23만 원	약 1,000만 원	[대성공] 43배 폭등(효자 종목)
테슬라	23만 원	약 500만 원	[인내] 변동성 심했으나 21배 성장
인텔	15만 원	약 10만 원	[실패] -30% 손실(원금 까먹음)
총 합계	60만 원	약 1,510만 원	최종 승리(약 25배 성장)

결과를 보자. 인텔(Intel)은 처참하게 실패했다. 한때 반도체의 제왕이었지만 시대의 흐름을 놓치며 내 딸의 돈을 갉아먹었다. 테슬라 역시 수시로 반토막이 나며 딸아이의 마음을 졸이게 했다.

하지만 엔비디아 하나가 모든 것을 바꿨다. 엔비디아의 폭발적인 성장이 인텔의 손실을 메우고도 남을 만큼 거대한 수익을 가져다주었다. 결국 60만 원은 1,500만 원이 되었다.

이것이 바로 투자의 본질이다. 모든 종목에서 성공할 수는 없다. 하지만 '시대의 흐름(AI)'을 탄 주도주 하나를 제대로 잡으면, 나머지의 실수를 모두 만회하고도 남는다. 만약 내 딸이 "주식은 위험해"라며 예금만 했다면, 지금 손에 쥔 건 원금과 이자 몇 푼뿐이었을 것이다.

[전략] 부모의 '한 끗' 차이: 매칭 그랜트(Matching Grant)

그렇다면 종잣돈은 어떻게 모을까? 나는 딸아이가 대학생이 되어 알바를 시작했을 때, 기업에서 쓰는 '매칭 그랜트' 방식을 제안했다.

"네가 알바해서 50만 원을 저축하면, 아빠가 50만 원을 더 얹어서 100만 원을 만들어 줄게. 단, 그 돈은 무조건 투자 계좌에 넣어야 한다."

효과는 기가 막혔다. 딸아이는 아빠 돈 50만 원을 더 받기 위해서라도 악착같이 알바비를 모았고, 그렇게 모인 돈은 테슬라와 비트코인으로 차곡차곡 쌓여 20대 중반에 1억 원대 자산을 만들었다. 금수저라서가 아니다. 부모가 아주 조금, 요령껏 도와줬기 때문이다.

[액션플랜] 지금 당장! 자녀의 '황금 거위' 만드는 법

이제 당신 가족 차례다. "바빠서 은행 갈 시간이 없다"는 핑계는 통하지 않는다. 2023년 4월부터 부모가 집에서 스마트폰으로 미성년 자녀 계좌를 만들 수 있게 되었다. 단 10분이면 된다.

Track A. 미성년 자녀(0세~18세): 부모가 만들어주는 '첫 선물'

복잡해 보이지만 서류 2가지만 있으면 안방에서 끝난다.

필수 준비물(정부24 앱에서 PDF 저장)

- 가족관계증명서(상세): 자녀 기준/주민번호 뒷자리 공개

- 기본증명서(상세): 자녀 기준/주민번호 뒷자리 공개

- 부모 신분증 & 스마트폰

추천 개설 방법(비대면)

- 1순위: 토스증권(가장 쉽다)

  - 토스 앱→주식 탭→계좌 만들기→'자녀 계좌 만들기' 선택(대법원 연동으로 서류 제출 없이 되는 경우도 많아 가장 빠르다)

- 2순위: KB증권/삼성증권(가장 든든하다)

  - 각 증권사 앱 메뉴→고객센터/계좌개설→'미성년 자녀 비대면 계좌개설' 클릭

Track B. 성인 자녀(19세 이상): 스스로 낚싯대를 잡게 하라

대학생 자녀라면 부모가 해주지 말고 스스로 하게 만들어라. 대신 확실한 '당근'을 제시해라.

[실전] 돈이 없다고? '소수점 투자'가 정답이다

"엔비디아 1주에 20만 원이 넘는데, 매달 사주기 부담스러워요."

걱정 마라. 우리에겐 '소수점 투자(미니스탁)'라는 강력한 무기가 있다. 과거에는 1주를 온전히 사야 했지만, 이제는 1,000원 단위로 쪼개서 살 수 있다.

- 100만 원이 있다면? 테슬라 2주, 엔비디아 3주, 비트코인 0.005개 매수 가능.
- 1만 원밖에 없다면? 테슬라 0.02주, 엔비디아 0.05주 매수 가능.

소수점 투자가 10대에게 최고의 교육인 이유

- 부담 제로: 5,000원, 1만 원 생길 때마다 과자 사 먹듯 주식을 모

을 수 있다.

- 분산 투자: 단돈 10만 원으로 테슬라, 애플, 구글을 다 담을 수 있는 '나만의 ETF'를 만들 수 있다.
- 습관 형성: "엄마 아빠, 나 이번 주 용돈 아껴서 엔비디아 0.1주 샀어!"라는 말이 나오는 순간, 당신의 자녀 경제교육은 대성공의 길로 들어섰다고 해도 과언이 아니다.

[신동일 소장의 당부] 오늘 심은 씨앗이 10년 뒤 숲이 된다

나중에 자식 결혼할 때 전세금 몇 억 해주려고 노후자금 헐지 마라. 그건 부모도 죽고 자식도 망치는 길이다.

대신 지금 당장, 10만 원이라도 좋으니 아이 이름으로 우량주를 사주어라. 인텔처럼 실패할 수도 있다. 하지만 어릴 때 15만 원 날려보는 경험은 성인이 되어 1억 원을 날리는 것을 막아주는 예방주사가 된다. 그리고 엔비디아처럼 성공하는 경험은 아이에게 '노동 소득보다 자본 소득이 강하다'는 사실을 뼈저리게 가르쳐줄 것이다.

자녀에게 '실패할 기회'와 '성공할 종잣돈'을 허락하라. 그것이 당신이 줄 수 있는 가장 위대한 유산이다.

14장

[솔직 토크]

10만 원이 가져온 나비효과:
"내 아이가 이렇게 변했다"

| 잔소리쟁이 아빠에서 든든한 투자 파트너로

많은 부모들이 걱정한다. "애들이 돈 맛을 알면 공부 안 하고 돈만 밝히지 않을까요?" 하지만 내가 두 딸과 함께 10년간 경제독립 운동을 하며 겪은 변화는 정반대였다. 아이들은 돈을 밝히는 괴물이 된 것이 아니라, 돈의 소중함을 아는 '작은 거인'으로 성장했다.

부모가 만들어준 '단돈 10만 원의 계좌'가 우리 아이들의 일상을 어떻게 송두리째 바꿔놓았는지, 그 놀라운 나비효과들을 가감 없이 공개한다.

밥상머리의 풍경이 바뀌었다(경제 토크)

과거 우리 집 저녁 식탁의 주제는 "공부해라, 취직 준비 잘 돼가니?" 같은 지루한 잔소리였다. 하지만 지금은 다르다. "아빠, 오늘 일론 머스크 트윗 봤어요?", "비트코인 반감기 이후 흐름은 어떻게 보세요?" 우리는 이제 밥상머리에서 세계경제와 미래산업을 논하는 '티타임 파트너'가 되었다. 덤으로 아이들과 대화가 통하니 가정의 분위기가 한층 밝아졌다.

가족 밥상머리 토론: "돈 얘기는 식탁에서 시작된다"

우리 가족의 경제독립을 위해서는 의식적인 노력이 필요하다. 내가 실천한 방법 중 가장 효과적이었던 것은 자녀에게 증권 계좌를 만들어주고, '밥상머리 경제 토론'을 하는 것이었다.

2017년, 나는 아이들 이름으로 엔비디아와 비트코인에 소액을 투자해 주었다. 처음에는 중국 주식 투자 실패로 아이들이 "내 세뱃돈 반토막 났다"며 울상 짓기도 했다. 하지만 2017년 10월, 20만 원으로 산 엔비디아 1주가 주식분할을 거쳐 40주가 되고, 평가금액이 1,000만 원(50배 상승)이 되는 기적을 함께 목격했다.

이 경험은 백 마디 잔소리보다 강력했다. "아빠, 이번에 받은 용돈으로 엔비디아 더 살래요." 아이들은 이제 소비의 즐거움보다 소유의 기쁨을 안다. 밥상머리에서 연예인 이야기 대신 '새로 뜨는 텐 배거(10배 상승) 종목'을 논하기. 이것이 우리 가족을 단단하게 만든 비 결이다.

스스로 공부하는 아이들(정보력)

예전에는 연예인 뉴스만 보던 아이들이 이제는 CNBC나 X(구 트위 터) 앱을 켜고 글로벌 뉴스를 찾아본다. 가끔 내가 보는 경제신문을 책상에 펴놓고 밑줄 그어가며 읽는 모습을 볼 때면, 등 뒤에서 몰래 엄지를 치켜세우곤 한다. 심지어 나도 잘 모르는 마이크로스트레티 지(MicroStrategy), 비트마인 같은 기업이나 새로운 알트코인 정보를 가 져와서 "아빠, 이거 한번 분석해 봐요"라고 역제안을 하기도 한다.

'자본가의 미소'를 짓다(성취감)

아이들이 스마트폰으로 계좌를 들여다보며 짓는 그 흐뭇한 미 소를 본 적이 있는가? 노동으로 번 돈도 소중하지만, 내가 자는 동 안 돈이 나를 위해 일해 준 결과(수익)를 눈으로 확인했을 때의 짜릿 함은 아이들에게 엄청난 자존감을 선물한다. '아, 나도 부자가 될 수 있구나'라는 확신을 심어준 것이다.

'명문대, 대기업' 강박에서 해방되다

이것이 가장 큰 수확이다. 아이들은 이제 '꼭 명문대를 나와 억대 연봉을 받아야만 부자가 되는 건 아니다'는 사실을 깨달았다. 평범한 직장, 평범한 월급이라도 일찍 시작한 투자 시스템만 있다면 충분히 경제독립을 이룰 수 있다는 사실을 알기에, 인생을 더 여유롭고 주체적으로 설계하게 되었다.

짠테크는 '궁상'이 아니라 '게임'이다

투자의 맛을 본 아이들은 무서울 정도로 알뜰해졌다.

- 치킨 픽업: "배달비 4천 원이면 도지코인이 몇 개야?"라며 아빠처럼 직접 픽업을 다녀온다.
- 앱테크: '9988 손목닥터', '모니모', '캐시워크'로 걷기 운동을 하며 매일 몇 백 원씩 챙긴다. 건강도 챙기고 시드머니도 모으는 일석이조 게임을 즐긴다.
- 공모주 청약: '치킨값 벌겠다'며 귀찮은 공모주 청약도 나보다 더 부지런히 챙긴다.

더 열심히 일하는 이유(현금 채굴)

투자를 하려면 시드머니가 필요하다는 걸 알기에, 본업에도 더 충실해졌다. 카페 알바 시간을 늘리고, 직장에 다니는 큰딸은 잔업이나 특근을 마다하지 않는다. 그 고생해서 번 돈이 소비로 사라지는 게 아니라, 미래의 자산으로 쌓인다는 사실을 알기에 노동의 고단함조차 즐기게 된 것이다.

[결론] 더 이상 '잔소리'는 필요 없다

이제 나는 아이들에게 "돈 아껴라", "저축해라" 같은 잔소리를 하지 않는다. 이미 아이들은 '소비하는 기쁨'보다 '소유하는 기쁨(주식/코인 수집)'이 더 크다는 진실을 알아버렸기 때문이다.

부모님들에게 알린다. 100만 원, 10만 원…. 금액은 중요하지 않다. 중요한 건 아이들에게 '경제독립의 맛'을 보여주는 것이다. 그 맛을 한 번 본 아이는, 시키지 않아도 스스로 자신의 인생을 경영하기 시작한다.

지금 당장, 아이의 손을 잡고 그 놀라운 변화의 첫 페이지를 넘기기 바란다. 당신의 아이는 당신의 생각보다 훨씬 더 현명하고 강하다.

Part 3

10년 뒤 100억 부자가 될 '경제독립 씨앗' (K-Giant)

15장

세상을 바꾸는 혁신 기업과
그 리더들에게 투자하라

치킨과 맥주, 그리고 대한민국 AI·모빌리티의 도원결의
(桃園結義)

2025년 10월 30일 밤, 서울 삼성동의 한 골목이 전 세계 외신들의
플래시 세례로 뒤덮였다. 검은 가죽 재킷을 입은 백발의 사나이, 젠

슨 황(Jensen Huang) 엔비디아 CEO가 환한 미소로 맥주잔을 높이 들었다. 그 양옆에는 대한민국 경제를 이끄는 두 거목, 이재용 삼성전자 회장과 정의선 현대차그룹 회장이 함께했다.

이른바 '삼성동 깐부 치킨 회동'이라 불리는 이 장면은 단순한 친목 모임이 아니었다. 다음 날 뉴욕 증시와 한국 증시가 동시에 뜨겁게 달아오른 이유가 무엇이겠는가?

이들이 부딪친 건 술잔이 아니었다. 그것은 다가올 10년, 인공지능(AI)이 디지털 세상을 넘어 물리적 세상(로봇, 자율주행)으로 진화하는 변곡점에서 맺어진 '혈맹(Blood Alliance)의 서약'이었다. 우리는 이 만남을 통해 대한민국 미래산업 지형도가 180도 바뀌고 있음을 직감해야 한다.

건배의 의미 1:
반도체, '슈퍼 을(乙)'의 귀환(삼성전자X엔비디아)

젠슨 황이 한국까지 날아와 이재용 회장의 손을 잡은 이유는 명확했다. 엔비디아의 AI 제국을 유지하기 위해서는 한국의 '메모리'가 절실했기 때문이다.

그동안 AI 시장의 폭발적인 성장에도 불구하고, 데이터를 처리할

고대역폭 메모리(HBM)의 공급 부족은 엔비디아의 발목을 잡는 최대 리스크였다. 이날 회동은 삼성전자가 엔비디아의 차세대 GPU에 들어갈 HBM4 등 핵심 메모리를 '최우선·대규모'로 공급하기로 확정한 자리였다.

- 시너지 분석: 이제 삼성전자는 단순한 부품 공급사가 아니다. 칩의 설계 단계부터 엔비디아와 머리를 맞대는 '원팀(One Team)'이 되었다. 이재용 회장의 파운드리(위탁 생산) 능력과 메모리 기술이 결합된 '턴키 솔루션'은 엔비디아에게 가장 효율적인 선택지였고, 삼성에게는 대체 불가능한 '슈퍼 을'로서의 지위를 되찾아준 신의 한 수가 되었다.

건배의 의미 2:
모빌리티, '반(反) 테슬라 연합'의 출범(현대차X엔비디아)

정의선 회장의 합류는 이 만남의 성격을 '반도체'에서 '미래산업 전체'로 확장시켰다. 테슬라가 독주하는 자율주행 시장에서 현대차와 엔비디아는 서로가 가장 필요한 존재였다.

테슬라는 자체 칩과 소프트웨어로 생태계를 폐쇄적으로 장악하고 있다. 이에 맞서 정의선 회장은 현대차의 압도적인 제조 능력(하드웨어)에 엔비디아의 자율주행 플랫폼 '드라이브(DRIVE)'라는 두뇌(소프트웨어)를 이식하는 결단을 내렸다.

- 시너지 분석: 이날의 건배는 현대차그룹이 단순한 자동차 제조사를 넘어 'AI 모빌리티 기업'으로 퀀텀 점프했음을 알리는 신호탄이었다. 현대차의 차세대 SDV(소프트웨어 중심 차량)와 로보택시, 그리고 UAM(도심항공교통) 기체에는 이제 엔비디아의 강력한 AI 심장이 탑재된다. 이는 테슬라 진영에 대항할 수 있는 지구상에서 가장 강력한 연합군의 탄생을 의미한다.

[인물 열전] 간부의 시대를 넘어: 한국 경제 혁명을 이끄는 10인의 거인들

이 거대한 흐름 속에서 한국 경제라는 배를 이끌고 나갈 선장은 누구인가? 트럼프 2기 행정부의 자국 우선주의 파고를 넘고, AI 골드러시의 수혜를 온전히 대한민국으로 가져올 '국가대표 CEO 10인'의 미래 10년의 비전을 소개한다. 이들의 행보를 주목하라. 당신의 경제독립을 위한 가장 확실한 나침반이 되어줄 것이다.

Part 1. 반도체와 모빌리티: 혁명의 최전선(The Frontline)

①이재용(삼성전자 회장): 초격차의 부활

이재용 회장의 시선은 이미 현재를 넘어 '1.4나노'라는 미지의 영역에 닿아 있다. 그는 메모리 반도체의 한계를 뛰어넘는 HBM4와 인간의 뇌를 닮은 AI 반도체 개발을 진두지휘하고 있다. 특히, 스마트폰을 넘어선 'AI 폴더블' 기기와 24시간 멈추지 않는 '무인 스마트 팩토리'는 삼성전자가 단순한 제조 기업이 아닌, 대한민국 GDP의 20%를 견인하는 거대한 AI 플랫폼으로 진화하고 있음을 보여준다.

②최태원(SK그룹 회장): 20배 성장의 신화

지난 5년간 주가 수익 배수 20배라는 경이로운 숫자가 증명하듯, 최태원 회장은 SK하이닉스를 명실상부한 'AI 메모리의 황제' 자리에 올려놓았다. 그의 다음 목표는 '에너지 효율'이다. 전기를 획기적으로 줄이는(50% 증가 효율) AI 메모리와 양자 컴퓨팅 기술 통합을 통해, 전력 먹는 하마인 데이터센터의 패러다임을 바꿀 것이다.

③정의선(현대차그룹 회장): 이동의 자유를 설계하다

자동차 회사의 수장이라기보다 '미래 도시 설계자'에 가깝다. 정의선 회장은 내연기관의 종말을 고하고, 자율주행 EV와 로보택시, 그리고 하늘을 나는 자동차(UAM)로 이어지는 '모빌리티 생태계'를 완성하고 있다. 수소 에너지 기반의 UAM 상용화와 수출 비중 40% 달성 목표는 현대차그룹이 더 이상 '패스트 팔로워'가 아닌 '퍼스트 무버'임을 선언하는 것이다.

Part 2. 에너지와 소재:
보이지 않는 힘(The Power Source)

④구광모(LG그룹 회장): 실용주의 혁신가

젊은 총수 구광모 회장은 조용하지만, 누구보다 과감하다. 그는 그룹의 역량을 'AI 에너지'와 '배터리 소재'에 집중시켰다. 중국이 따라올 수 없는 고부가가치 OLED 전장(자동차용) 디스플레이와 차세대 배터리 소재 개발을 통해 제조 효율을 35%까지 끌어올릴 계획이다. '고객 가치'를 최우선으로 하는 그의 리더십은 LG를 가장 트렌디한 B2B 솔루션 기업으로 변모시키고 있다.

⑤김승연(한화그룹 회장): 한국의 록히드마틴

"한국 방산이 세계를 지킨다." 김승연 회장은 육·해·공을 아우르는 방산 포트폴리오를 완성했다. 한화에어로스페이스를 중심으로 한 AI 무인기 기술과 자주포 수출은 이미 100조 원 시대를 바라보고 있다. 특히 대우조선해양(현 한화오션) 인수를 통해 완성된 '조선 M&A' 퍼즐은 글로벌 방산 공급망의 30%를 점유하겠다는 그의 야심이 빈말이 아님을 증명한다.

⑥정기선(HD현대 부회장): 바다의 에너지 전환

김승연 회장의 아들 세대인 정기선 부회장은 조선업을 '첨단기술산업'으로 재정의했다. 그는 낡은 굴뚝산업 이미지를 벗어던지고, LNG·LPG 친환경 선박 세계 1위 기술력을 바탕으로 바다의 탄소 중립을 이끌고 있다. 그린 조선 에너지 전환 효율 50% 달성과 방산 함정 건조 능력은 트럼프 시대, 미국이 가장 필요로 하는 파트너로서 HD현대의 가치를 극대화할 것이다.

Part 3. 바이오와 디지털:
소프트파워의 역습(The Soft Power)

⑦서정진(셀트리온 회장): 샐러리맨의 신화

불모지였던 한국에서 바이오시밀러 제국을 건설한 서정진 회장은 이제 '신약 개발'로 승부수를 띄웠다. ADC(항체약물접합체)와 mRNA 플랫폼 기술을 확보하여, 단순 복제약을 넘어 글로벌 헬스케어 GDP의 10%에 기여하겠다는 목표다. 그는 여전히 현장을 누비며 한국 바이오의 영토를 넓히고 있다.

⑧이해진(네이버 GIO): AI 주권의 수호자

구글과 오픈AI의 공세 속에서, 자국 언어로 된 독자적인 초거대 AI 모델(하이퍼클로바X)을 보유한 나라는 드물다. 이해진 창업자는 '소버린(Sovereign) AI'를 기치로 내걸었다. 클라우드와 로보틱스, 자율주행을 하나로 묶어 생산성을 30% 높이는 그의 비전은, 한국이 데이터 식민지가 되지 않게 하는 최후의 방어선이자 강력한 성장 동력이다.

⑨김범수(카카오 창업자): 일상의 초연결

여러 부침이 있었지만, 카카오가 가진 '국민 메신저'의 파워는 여전하다. 김범수 창업자의 시선은 이제 'AI 슈퍼앱'으로 향한다. 핀테크와 모빌리티, 콘텐츠가 결합된 플랫폼을 통해 1조 달러 시장을 조준하고 있다. 전 국민의 24시간을 연결하는 카카오의 힘은 AI 시대에 개인화된 비서 서비스로 진화할 것이다.

⑩방준혁(넷마블 의장): 게임을 넘어 메타버스로

'강한 넷마블'을 외치는 방준혁 의장은 게임을 단순한 놀이에서 '경제 생태계'로 확장하고 있다. AI 기술을 접목한 게임 개발과 웹3(Web 3.0) 기반의 메타버스 엔터테인먼트 시장 공략은 아시아 5,000억 달러 시장을 정조준하고 있다. K-콘텐츠와 기술의 만남, 그 최전선에 그가 있다.

[신동일 소장의 투자 노트] 10년의 승부, 거인들의 어깨에 올라타라

지금까지 소개한 10명의 리더와 기업들은 단순한 주식 종목이 아니다. 이들은 대한민국이 '패스트 팔로워(추격자)'에서 '퍼스트 무버(선도자)'로 도약하고 있음을 보여주는 살아있는 증거다.

- 반도체와 자동차로 뼈대를 세우고(삼성, SK, 현대차),
- 배터리와 방산으로 힘을 키우며(LG, 한화, HD현대),
- 바이오와 디지털 플랫폼으로 생명력을 불어넣는다(셀트리온, 네이버, 카카오, 넷마블).

이 완벽한 진형을 갖춘 '팀 코리아(Team Korea)'는 앞으로 10년, 전 세계 투자 자금을 빨아들이는 블랙홀이 될 것이다.

경제독립을 꿈꾸는가? 그렇다면 이 거인들이 어디를 바라보고 있는지, 어떤 기술에 돈을 쏟아붓고 있는지 끊임없이 추적하라. 그리고 그들이 만드는 혁신의 파도에 당신의 자산을 용기 있게 실어라. 10년 뒤, 당신은 이들과 함께 웃고 있을 것이다.

하지만 잠깐, 시선을 여기서 멈추면 안 된다. 한국 기업들이 잘하고 있지만, 이들이 롤모델로 삼고 있는 '진짜 거인'들은 태평양 건너 미국에 있다. 일론 머스크의 테슬라, 젠슨 황의 엔비디아. 그들은 한국 기업들을 파트너로 삼아 더 거대한 꿈을 꾸고 있다.

이제부터 우리의 시선을 세계 1등, 미국 시장으로 돌려보자. 그곳에 진정한 '100억 부자의 열쇠'가 숨겨져 있다.

16장

거인의 어깨에 올라타라:
일론 머스크, 1,000조 원의 사나이

| 현대판 레오나르도 다빈치가 그리는 6개의 우주

미래를 가장 빨리 만나는 방법은 무엇일까? 그것은 미래를 만들고 있는 사람에게 투자하는 것이다. 2026년 현재, 지구상에서 가장 야심 차고 논란이 많으며, 동시에 가장 위대한 혁신가는 단연 일론 머스크(Elon Musk)다.

우리는 왜 이 괴짜 천재에게 우리의 소중한 자산을 맡겨야 하는가? 그 해답은 그가 걷고 있는 '불가능에 대한 도전' 속에 있다.

[인물 탐구] 머스크 vs. 레오나르도 다빈치: 500년을 앞서간 천재들

일론 머스크를 단순한 CEO로 보면 오산이다. 그는 500년 전 르네상스 시대를 열었던 천재, 레오나르도 다빈치의 현대적 현신(現身)이다.

1495년, 레오나르도 다빈치는 기계인형(로봇)을 스케치했고, 헬리콥터와 탱크를 구상했다. 하지만 당시 기술의 한계로 그의 꿈은 종이 위에만 머물렀다. 그로부터 500년이 지난 지금, 일론 머스크는 그 설계도를 현실로 불러내고 있다.

시공간을 초월한 평행이론: 다빈치 vs. 머스크

구분	레오나르도 다빈치(1500년대)	일론 머스크(2026년)
시대적 역할	500년 앞선 미래를 설계한 개인 천재(화가/발명가)	500년 뒤 미래를 현재로 가져온 조직 천재(CEO/엔지니어)
대표 발명품	헬리콥터, 탱크, 기계인형(미완성)	재사용 로켓, 전기차, 로보택시(실현)
수면 시간	하루 4시간(초인적 몰입)	하루 3~4시간(워커홀릭)
실패 태도	완벽주의로 설계도만 남김	"빨리 실패하고 빨리 고쳐라"(무한반복)
최종 목표	인간의 비행, 예술의 혁신	인류의 다행성 종족화(화성 이주)

[신동일 소장의 통찰]

다빈치는 위대했지만, 그의 꿈은 미완성이었다. 하지만 머스크는 다르다. 그는 상상을 현실로 만드는 '거대한 시스템(Tesla, SpaceX)'을 가지고 있다. 지금 테슬라 주식을 사는 것은, 500년 전으로 되돌아가 다빈치의 후원자가 되어 인류 역사를 바꾸는 여정에 동참하는 것과 같다.

[사건 분석] 지구상 최초 1조 달러 보상안의 비밀

2025년 11월 6일, 테슬라 주주총회는 역사적인 결정을 내렸다. 바로 일론 머스크에게 1조 달러(한화 약 1,400조 원) 규모의 성과 보상안을 승인한 것이다.

이 금액이 얼마나 비현실적인지 감이 오는가? 대한민국 1년 국가

예산(약 650조 원)의 2배가 넘는 돈이다. 월급쟁이의 상식으로는 도저히 이해할 수 없는 천문학적인 금액이다.

하지만 주주들은 왜 이 미친 제안에 찬성표를 던졌을까? 조건이 있었기 때문이다. 머스크가 이 보상을 받으려면, 향후 10년 내에 테슬라의 기업 가치(시가총액)를 현재의 6배인 8.5조 달러(약 1경 원)로 만들어야 한다.

[투자자가 읽어야 할 시그널]

이것은 머스크의 자신감이기도 하지만, 우리 같은 투자자에게는 확실한 '가이드라인'이다. 머스크가 보상금을 챙겨가려면, 지금 테슬라 주식을 산 우리의 자산도 최소 6배 이상 불어나야 한다. 즉, 우리는 세계 최고 부자의 탐욕(?)에 편승하여 나의 부를 증식시킬 기회를 얻은 것이다.

[기업 분석] 머스크 유니버스: 6개 기업이 그리는 큰 그림

많은 사람들이 묻는다. "자동차 만드는 사람이 왜 트위터(X)를 사고, 우주선(스페이스X)을 쏘아 올리죠?"

이 질문에 대한 답이 바로 테슬라 투자의 핵심이다. 머스크의 6개 기업은 따로 놀지 않는다. 이들은 서로의 데이터를 공유하며 완벽한

AI 생태계를 완성해 나가고 있다.

기업명	핵심 역할	테슬라와의 시너지
테슬라(Tesla)	[몸]전기차, 로봇, 에너지	현실 세계의 데이터 수집 및 행동
스페이스X(SpaceX)	[신경망]우주 탐사, 스타링크	전 세계 로봇/차량 초고속 연결
xAI	[두뇌]인공지능(Grok)	테슬라 FSD/로봇의 지능 고도화
뉴럴링크(Neuralink)	[인터페이스]뇌-컴퓨터 연결	생각만으로 로봇/차량 제어
X(트위터)	[지식]소셜 데이터	인류의 실시간 대화 데이터 학습
보링컴퍼니	[혈관]지하 터널	교통 체증 없는 지하 고속 이동

AI의 역사와 머스크

머스크는 2015년 샘 알트먼과 함께 '오픈AI(OpenAI)'를 공동 창립한 멤버다. 비영리를 추구했던 초심과 달리 오픈AI가 영리화되자, 그는 xAI를 설립해 '우주의 진실을 탐구하는 AI(Grok)'를 만들고 있다.

- 스페이스X와의 연결: AI 데이터센터는 엄청난 열과 에너지를 뿜어낸다. 머스크는 스페이스X의 1만여 개 인공위성(스타링크)을 활용해 지구 어디서나 끊김 없는 통신망을 제공하며, 테슬라 자율주행의 신경망을 완성하고 있다.

- 뉴럴링크의 기적: 뇌에 칩을 심어 시각장애인의 시신경을 복원하고, 사지마비 환자가 생각만으로 컴퓨터를 조작하게 한다. 먼 미래에는 내 생각만으로 테슬라 로보택시를 집 앞으로 부르는 영화 같은 일이 현실이 될 것이다.

[결론] 테슬라에 투자한다는 것은 단순히 전기차 회사에 투자하는 것이 아니다. '지구상에서 가장 똑똑한 AI 로보틱스 그룹'에 투자하는 것이다.

[Tesla Deep Dive] 엔비디아와는 다르다: 피지컬 AI의 제왕

현재 AI 시장의 황제는 젠슨 황의 엔비디아(NVIDIA)다. 엔비디아는 범용 AI 칩(GPU)을 만들어 구글, MS 등에 파는 공급자다.

하지만 테슬라는 다르다. 테슬라는 남의 칩을 사다 쓰는 데 만족하지 않는다. 머스크는 'AI5 칩'이라는 자체 두뇌를 개발했다. 이것은 테슬라의 자율주행차와 로봇에 최적화된 추론 칩으로, 고성능·저전력·저비용이라는 세 마리 토끼를 잡았다.

구분	엔비디아(젠슨 황)	테슬라(일론 머스크)
핵심 영역	범용 AI(소프트웨어)	피지컬 AI(하드웨어+소프트웨어)
수익 모델	칩(GPU) 판매(B2B)	로보택시/로봇 서비스(B2C)
데이터	인터넷 텍스트/이미지 학습	실제 주행/물리 세계 영상 학습
비유	"곡괭이를 파는 사람"	"직접 금광을 캐는 사람"

엔비디아가 AI 수혜를 받아 10배 성장(텐배거)하며 시총 4조 달러를 돌파했듯, 이제 바통은 '피지컬 AI(현실 세계 AI)'의 1등 주자인 테슬라로 넘어오고 있다.

[Future Vision] 30배 성장의 열쇠: 로보택시와 옵티머스

테슬라 주가가 앞으로 10배, 30배 더 오를 수 있는 근거는 무엇일까? 바로 '노동의 대체'다.

로보택시(Robotaxi): 이동 혁명의 완성

2026년 4월, 테슬라는 '사이버캡(Cybercab)' 양산을 시작한다. 운전대와 페달이 없는 이 차는 '기가캐스팅' 공법으로 5초에 1대씩 찍혀 나온다.

택시비보다 저렴한 비용, 사고 없는 안전함. 인간은 운전이라는 노동에서 해방되고, 차주는 잠든 사이에 차가 돈을 벌어오는 마법을 경험하게 된다.

옵티머스(Optimus): 인류 최후의 발명품

머스크는 최근 사우디 포럼에서 "향후 20년 내 인간의 노동은 선택적인 것이 될 것"이라고 예언했다.

전 세계 인구 1명당 3~4대의 로봇이 보급된다면 약 400억 대의 시장이 열린다. 특히 저출산 고령화가 심각한 한국에서 옵티머스는 부모님을 24시간 돌보는 '효자 간병 로봇'이 될 것이다[전망: 가격 2만 달러(약 3천만 원) 수준, 대량 생산 체제 돌입]

[신동일 소장의 투자노트] 지금이 가장 쌀 때다!

엔비디아가 AI 칩으로 세상을 바꿨다면, 테슬라는 그 AI를 현실 세계로 끌어내어 세상을 바꿀 것이다.

FSD가 완성되고, 로보택시가 도로를 점령하고, 집집마다 옵티머스가 들어와 있는 10년 뒤. 그때 사람들은 테슬라 주가를 보며 이렇게 말할 것이다.

"와, 그때 400달러일 때 샀어야 했는데…"

지금 테슬라에 투자하지 않는 것은, 10년 전 스마트폰 혁명 때 애플을 외면한 것과 같다. 일론 머스크라는 거인의 어깨에 올라타라. 그리고 꽉 잡아라. 그가 당신을 화성만큼 높은 곳(경제독립)으로 데려다줄 것이다.

17장

[심층 분석 1]

노동 해방의 시대:
자본이 없으면 '풍요 속 빈곤'이다

왜 자본이 더 필요한 경제독립을 꼭 이루어야 하는가?

앞으로 세상은 인간 운전이 필요 없는 자율주행 시대가 도래하고, 옵티머스 봇이 인간의 노동을 대체하는 시대가 온다. 생산량은 비약적으로 증대되고 GDP도 증가하여 바야흐로 '풍요의 시대'가 온다고 한다. 하지만 역설적이게도 미래 풍요의 시대가 와도 경제독립을 위한 자본은 더 절실해진다. 왜 그럴까?

로봇과 자율주행, 인공지능의 시대에 생산성 향상으로 일정 금액의 기본소득을 받는 시대가 도래하더라도, 그 기본소득은 '생존 최소 비용'일 뿐이기 때문이다.

- 건강과 수명: 더 건강하고 오래 살기 위한 프리미엄 의료(역노화 등) 비용은 증대된다.
- 문화와 여가: 정부가 주는 무료 쿠폰이나 넷플릭스 구독권으로 시간을 때우는 사람과, 적극적인 해외여행 및 하이엔드 문화생활을 누리는 사람 사이에는 여전히 거대한 자본 격차가 발생한다.

한마디로, 자본이 없으면 풍요 속에서 나만 빈곤한 상태에 빠질 수 있다. 평생 쥐꼬리만 한 월급만 바라보던 어머니 세대가 인플레이션에 좌절했듯, 우리 세대는 'AI 혁명'에 올라타지 못해 좌절하는 비극을 겪을 수 있다.

재테크 패러다임의 변화에 따른 경제독립 필수 2가지

① 내가 일론 머스크가 아니라면 '세계 1등' 주식을 사라

나 역시 일론 머스크 같은 사람이 되는 것을 지금도 꿈꾸고 있다. 하지만 현실적으로 모든 사람이 사업을 할 수도 없고, 사업 성공 확률은 극도로 낮다. 우리는 이 냉정한 현실을 받아들여야 한다.

그래서 우리는 '차선책(Best Alternative)'을 선택해야 한다. 바로 나보다 더 사업을 잘할 수 있는 기업, 인류를 다행성 종족으로 만들려고 스타십을 쏘아 올리는 일론 머스크의 테슬라 주식에 투자하는 것이다. 또한 세계 기축통화인 달러조차 인플레이션을 따라잡지 못하기 때문에, 차선책으로 비트코인에 일부 자산을 투자하는 것이다.

[경고] '응, 그래. 테슬라 좋지. 하지만 나는 그냥 정기적금 할래. 원금 손해 보는 건 죽어도 싫어'라는 생각을 하고 투자의 문을 닫는다면, 당신은 단언컨대 영원히 경제독립을 이룰 수 없다.

로보택시의 시대: 테슬라가 엔비디아를 넘어설 증거

테슬라 CEO 일론 머스크는 인간 운전 노동 해방을 목표로 FSD 자율주행 로보택시 완성과 옵티머스 봇의 꿈을 현실로 만들고 있다.

애플, 현대차도 포기한 길을 테슬라가 간다

현대기아차, GM, 포드 등 기존 레거시 기업들은 자율주행 기술 개발에 난항을 겪거나 부분적으로 포기했다. 심지어 막대한 자본력을 가진 애플조차 '프로젝트 타이탄'을 사실상 중단했다. 왜일까? 자율주행은 어설픈 투자가 아닌 '올인(All-in)'과 '최소 10년의 인내' 없이는 불가능한 영역이기 때문이다.

오직 테슬라만이 FSD v14.3(인간 운전자보다 뛰어난 최종 버전) 출시를 눈앞에 두고 있다. 엔비디아가 '디지털 두뇌(AI 칩)'의 절대 강자라면, 테슬라 머스크는 로보택시와 옵티머스 봇으로 대표되는 '피지컬 AI(Physical AI)'의 1등 주자이며, 그 생태계를 직접 만들어 나가고 있다.

FSD v14.3: 테슬라의 '아이폰 모멘텀'

테슬라 주가 상승의 가장 큰 폭발력은 바로 여기에 있다. FSD가 규제 당국의 승인만 떨어지면, 테슬라는 애플이 아이폰으로 모바일 세상을 열며 10배 이상 성장했듯 엄청난 성장을 할 것이다.

로보택시 시대, 당신의 투자금은 얼마가 될까?(5년 전망)[기준: 2025.11 주가 $430/캐시우드(ARK Invest) 전망 참고]

투자 금액	2025년 매수 주식	2030년 예상 주가 (시총 3T~5T 가정)	예상 평가 금액	수익 배수
100만 원	약 1.6주	$2,500	약 580만 원	약 5.8배
1,000만 원	약 16주	$2,500	약 5,800만 원	약 5.8배

전문가 기반 가격 전망은 실제 예측보다 낮게 잡았는데도 이 정도다. 일론 머스크의 1조 달러 보상안 조건(6배 성장)은 충분히 달성 가능한 목표임을 보여준다.

과거와 미래의 대비 : 놓친 기회는 잊어버리자

거듭 강조하지만, 과거의 테슬라 수익률이 12배가 나왔다고 해서 앞으로 똑같이 나온다는 보장은 없다. 하지만 내가 강조하고 싶은 것은 30대부터 50대까지, 꼭 테슬라 주식이 아니더라도 당신 스스로 발견한 '경제독립 씨앗'에 대해 공부하고 매월 가능한 투자를 반드시 병행해야 한다는 점이다. 그래야 앞으로 다가올 10년 뒤를 준비할 수 있다.

만약 당신이 10년 전부터 매월 테슬라 주식을 1주씩 모아서 10년이 지난 지금, 원금 약 6천만 원이 7억 원이 되어 있다면(과거의 실제 성

^{적표}), 이런 상태에서 당신의 은퇴나 노후 생활을 준비하는 것과 아무런 경제독립 액션을 취하지 않고 맞이하는 미래는 하늘과 땅 차이일 수밖에 없다.

가장 중요한 것은 '지금, 이 순간부터의 실행'이다. 이것이 바로 당신이 일론 머스크의 전기(傳記)를 읽고, 지금 당장 테슬라 주식을 모아야 하는 이유다.

18장

[심층 분석 2]

노동의 종말과 로봇의 부상: '생산수단'을 소유하라

인간의 노동 가치가 'O'에 수렴하는 시대, 당신의 선택은?

인류 역사상 가장 거대한 변화가 오고 있다. 전기차나 자율주행보다 훨씬 더 큰 파도가 바로 '휴머노이드 로봇(Humanoid Robot)'이다. 옵티머스 봇이 공장에 투입되고, 가정으로 들어오는 순간 인간의 육체노동 가치는 급격히 하락할 것이다.

로봇은 잠을 자지도, 파업하지도, 월급을 요구하지도 않으면서 인간보다 더 정교하게 일한다.

'노동 소득'에만 의존하는 삶은 이 로봇들과 무한 경쟁을 해야 한다는 뜻이다. 반대로 자본을 가진 자는 로봇이라는 무한한 노동력을 소유하게 된다. 로봇이 벌어오는 막대한 부가가치가 주주에게 배당과 주가 상승으로 돌아가는 구조, 이것이 미래 경제의 핵심이다.

지금 '생산수단(로봇을 만드는 기업)'을 소유하지 않으면, 미래에는 로봇의 서비스를 구매하는 '소비자'로만 남게 되어 빈부격차의 하위 그룹으로 전락할 위험이 크다.

재테크 패러다임의 변화: 땅이나 건물이 아닌 '로봇'을 사모아라

건물주보다 '로봇주(主)'가 더 강력하다

과거에는 조물주 위에 건물주라고 했다. 하지만 인구 절벽으로 인해 부동산 공실률은 늘어날 수밖에 없다. 반면, 전 세계적으로 부족한 노동력을 채워줄 유일한 대안은 로봇뿐이다.

부동산은 감가상각 되고 세금 부담이 크지만, 로봇 산업의 1등 기업 지분은 시간이 지날수록 기술 발전과 함께 가치가 기하급수적으로 늘어난다. 우리가 일론 머스크처럼 직접 로봇 공장을 차릴 수 없다면, '로봇을 만드는 회사'의 주식을 사서 그 성과를 공유해야 한다.

[경고] '로봇이 상용화되려면 멀었어. 그때 가서 사도 돼'라고 생각한다면 오산이다. 스마트폰이 처음 나왔을 때 애플 주식을 샀어야 했듯, 로봇이 우리 집 거실에 걸어 들어오는 순간 이미 주가는 천정부지로 솟아 있을 것이다.

옵티머스 봇: 단순한 기계가 아닌 'AI의 몸'

테슬라의 옵티머스 봇이 다른 로봇 기업(보스턴 다이내믹스 등)과 결정적으로 다른 점은 바로 '대량 생산 능력'과 '두뇌(AI)'다.

보여주기식 묘기가 아닌 '공장 노동'을 위한 설계

기존 로봇들이 덤블링을 하며 기술력을 과시할 때, 테슬라는 로봇 손가락의 정교함과 대량생산 단가를 낮추는 데 집중했다. 일론 머스크는 옵티머스의 가격을 자동차보다 싼 '2만 달러' 이하로 예고했다.

이는 전 세계 모든 공장과 가정에 로봇을 보급하겠다는 뜻이다.

FSD가 곧 옵티머스의 뇌다

테슬라 자율주행(FSD)이 도로 위의 시각 정보를 처리한다면, 그 똑같은 신경망 기술이 옵티머스에 이식되어 현실 세계의 물리적 작업을 수행한다. 테슬라는 하드웨어(몸)와 소프트웨어(뇌), 그리고 대량생산 공장(기가팩토리)을 모두 가진 유일한 기업이다.

일론 머스크는 "옵티머스가 테슬라의 가치를 현재의 10배, 20배 이상으로 만들 것"이라고 공언했다. 자동차 사업은 옵티머스 사업의 '사이드 메뉴'가 될 수도 있다는 말이 결코 과장이 아니다.

1가구 1로봇 시대, 옵티머스가 가져올 부의 미래(10년 전망)(기준: 로봇 시장 본격 개화 및 연간 1억 대 생산 가정 시나리오)

구분	2025년 (개발 및 초기 투입)	2030년 (공장/물류 완전 대체)	2035년 (가정용 보급 일반화)
테슬라 주가	현재가 기준	$3,000~$4,000 예상	예측 불가 (초거대 기업화)
옵티머스 대수	수천 대(공장 테스트)	수백만 대(B2B 판매)	수억 대(B2C 판매)
투자 포인트	지금이 가장 쌀 때	성숙기 진입	배당 및 자사주 매입 극대화

미래를 선점하는 자가 승리한다

인터넷 혁명, 모바일 혁명을 놓쳤다면 이번 'AI 로보틱스 혁명'만큼은 놓치지 말아야 한다. 지금 당장 눈앞의 주가 등락에 일희일비하지 말고, 10년 뒤 내 집안일을 해주고 나 대신 돈을 벌어올 '옵티머스'를 고용한다는 마음으로 테슬라 주식을 한 주씩 모아가자. 그것이 가장 확실한 노후 준비다.

19장

초고령화 대한민국,
간병 파산의 유일한 출구

닥쳐올 재앙: 늙어가는 한국, 누가 당신을 돌볼 것인가?

대한민국은 세계에서 가장 빠르게 늙어가고 있다. 국민 5명 중 1명이 노인인 초고령 사회다. 더 심각한 문제는 아이를 낳지 않아, 노인을 돌볼 젊은이가 사라지고 있다는 점이다.

현재 간병인 비용은 월 400~500만 원에 육박한다. '간병 살인', '간병 파산'이라는 끔찍한 단어가 뉴스에 오르내린다. 당신이 70대, 80대가 되었을 때, 자식에게 짐이 되지 않으려면 매월 수백만 원의 간병비를 감당할 현금이 있어야 한다. 국민연금만으로는 턱도 없다.

테슬라 투자가 노후 대책인 결정적 이유 2가지

① 가장 저렴한 비용으로 미래의 'AI 간병인'을 예약하는 셈이다

테슬라 옵티머스 봇의 최종 목표 중 하나는 가사 도우미이자 노인 돌봄이다. 무거운 짐을 들어주고, 식사를 챙기고, 응급 상황을 감지하는 로봇이다. 지금 테슬라 주식에 투자하는 것은, 먼 미래에 폭등할 '인건비(간병비)'를 헤지(Hedge) 하는 것과 같다.

- 시나리오: 지금 1,000만 원을 테슬라에 투자해 10년 뒤 1억 원이 된다면, 당신은 그 돈으로 고성능 옵티머스 로봇을 2~3대 구매하여 24시간 나를 돌보게 할 수 있다. 하지만 투자를 하지 않는다면, 그때 가서 월 1,000만 원이 넘을지 모를 사람 간병인을 구하느라 전 재산을 탕진할 수도 있다.

② 국가가 해결해주지 못하는 '경제적 존엄'을 지키는 길

국가의 복지 재정은 한계가 있다. 노인 빈곤율 OECD 1위인 한국에서 내 노후를 국가에만 맡기는 것은 도박이다.

테슬라와 같은 글로벌 1등 혁신 기업에 투자함으로써, 전 세계에서 벌어들인 달러를 나의 자산으로 가져와야 한다. 한국의 저성장 늪에서 빠져나와, 폭발적으로 성장하는 AI 로봇 시장의 과실을 따먹어야 한다.

결론: 주식이 아니라 '생명줄'을 산다고 생각하라

테슬라 투자는 단순히 돈을 불리는 재테크 수단이 아니다. 다가올 초고령화 시대, 노동력이 소멸하는 시대에 나와 내 가족의 존엄한 삶을 지키기 위한 최소한의 방어막이자 생명줄이다.

매월 들어오는 연금처럼, 지금부터 테슬라 주식을 적립식으로 모아나가라. 훗날 그 주식 계좌가 당신의 든든한 아들, 딸보다 더 효자 노릇을 하며 당신의 곁을 지킬 옵티머스 로봇을 선물해 줄 것이다.

20장

[경제독립 액션플랜 심화학습]

머스크의 마스터 플랜:
당신의 부(富)를 완성할 마지막 퍼즐

마스터 플랜 4

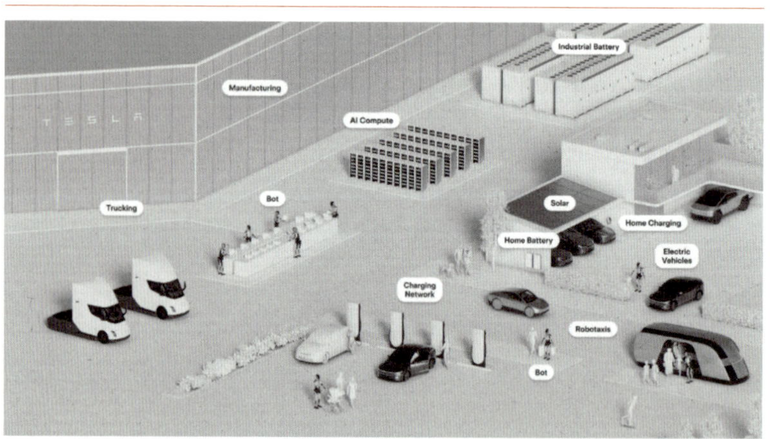

[지도 해독] 그림 한 장에 숨겨진 3가지 '돈의 흐름'

많은 사람들이 테슬라를 아직도 '전기차 파는 회사'로만 생각한다. 하지만 앞의 그림을 보라. 자동차(Electric Vehicles)는 이 거대한 도시의 아주 작은 일부일 뿐이다. 머스크가 그리는 '마스터 플랜 4'의 핵심은 에너지, AI, 그리고 로봇이 결합된 '지속 가능한 풍요'이다.

①에너지의 생산과 저장(Solar & Battery)

- 그림 속 단서: Solar(태양광), Home Battery(파워월), Industrial Battery(메가팩)
- 의미: 석유를 태워 전기를 만드는 시대는 끝났다. 집 지붕에서 전기를 만들고(Solar), 그것을 저장했다가(Battery), 필요할 때 쓴다.
- 투자 포인트: 테슬라의 에너지 사업(메가팩) 성장률은 전기차보다 훨씬 빠르다. 전 세계 발전소를 대체하는 이 시장은 '제2의 테슬라'가 될 것이다.

②노동의 해방과 AI(Bot & AI Compute)

- 그림 속 단서: Bot(옵티머스 로봇), AI Compute(도조 슈퍼컴퓨터), Manufacturing(자동화 공장)

- 의미: 그림 중앙에 로봇들이 물건을 나르고 있다. 인간은 더 이상 위험하고 반복적인 일을 하지 않는다. 이 모든 것을 통제하는 것이 바로 거대한 'AI 두뇌(Compute)'이다.
- 투자 포인트: 테슬라는 '세상에서 가장 큰 로봇 회사'이다. 인건비가 '0'에 수렴하는 제조 혁명, 그 이익은 고스란히 주주의 몫이 된다.

③이동의 혁명(Robotaxi & Trucking)

- 그림 속 단서: Robotaxis(사이버캡), Trucking(세미트럭), Charging Network(슈퍼차저)
- 의미: 운전대가 없는 차(로보택시)가 돌아다니고, 무인 트럭이 물류를 책임진다. 차는 소유하는 것이 아니라, 앱으로 부르는 서비스가 된다.
- 투자 포인트: 우버나 택시 회사가 가져가던 운송 마진을 테슬라가 독식한다. 이것은 황금알을 낳는 거위이다.

[머스크 제국] 전 세계 기술 혁명을 주도하는 '큰 그림'

일론 머스크의 꿈은 단순히 부자가 되는 것이 아니다. 그의 6개 기업(테슬라, 스페이스X, 뉴럴링크 등)은 '인류의 생존과 진화'라는 하나의 목표로 연결되어 있다.

- 테슬라(Tesla): 지구의 에너지를 지속 가능하게 바꾸고(친환경), 노동에서 해방시킨다(AI 로봇).
- 스페이스X(SpaceX): 지구가 망가질 경우를 대비해 화성에 식민지를 건설한다(스타링크로 전 세계 통신 장악).
- 뉴럴링크(Neuralink): AI에 뒤처지지 않도록 인간의 뇌와 컴퓨터를 연결한다.

[핵심 통찰] 우리가 테슬라에 투자한다는 것은, 단순히 자동차 제조사에 투자하는 것이 아니다. 인류 역사상 가장 거대한 기술 생태계의 지분을 확보하는 것이다. 이 생태계는 서로 시너지를 내며 경쟁자가 따라올 수 없는 '초격차'를 만든다.

[경제독립 제언] 왜 10년 씨앗에 테슬라가 '필수'인가?

당신의 포트폴리오에 테슬라가 반드시 30% 이상(개인적 견해) 담겨 있어야 하는 이유는 명확하다.

①유일무이한 '종합 선물 세트'

다른 기업을 보자. 에너지는 에너지 기업이, 자동차는 자동차 기업이, 로봇은 로봇 기업이 따로 한다. 하지만 테슬라는 '에너지+자동차+AI+로봇'을 혼자서 다 한다. 이 모든 분야가 4차 산업혁명의 핵심이다. 하나만 터져도 대박인데, 테슬라는 4개를 다 쥐고 있다.

②폭발적인 성장 곡선 'J커브'의 초입

앞의 그림 '마스터 플랜 4'는 이제 막 시작되었다. 전기차 보급률은 아직 전 세계 10% 미만이다. 로봇과 자율주행은 이제 막 상용화 단계이다. 지금 주가가 오르내리는 것은 작은 소음(Noise)에 불과하다. 10년 뒤, 그림이 현실이 되었을 때 테슬라의 가치는 지금 상상하는 것 이상일 것이다.

③ '풍요의 시대'에 소외되지 않기 위해

머스크는 "앞으로 상품과 서비스가 넘쳐나는 풍요의 시대(Abundance)가 온다"고 했다. 하지만 그 풍요는 '생산 수단(로봇, AI)'을 가진 자의 것이다. 테슬라 주식을 가진다는 것은, 그 생산 수단의 주인이 된다는 뜻이다.

①이미지를 폰에 저장하라: '마스터 플랜 4' 이미지를 저장해 두고, 주가가 떨어질 때마다 꺼내 보라. 그리고 '나는 지금 자동차 회사가 아니라, 미래 도시를 건설하는 기업에 투자하고 있다'고 되뇌이라.

②적립식 매수를 멈추지 마라: 로봇이 우리 집 거실에 들어오고, 도로에 운전대 없는 택시가 깔리기 전까지는 절대 팔지 마라. 그때가 수확의 계절이다.

③자녀에게 설명하라: 이 그림을 보여주며 자녀에게 경제 교육을 하라. "이게 네가 살아갈 미래란다. 우리는 이 미래를 만드는 회사에 투자하고 있단다."

경제독립은 머리 좋은 사람이 하는 것이 아니라, 미래를 먼저 보고 끈기 있게 기다리는 사람이 이루는 것이다. 일론 머스크의 마스터 플랜이 완성되는 그날, 당신의 경제독립도 함께 완성될 것이다.

21장

부모를 부양하는 마지막 세대, 자녀에게 버림받는 첫 세대: 마처세대의 눈물, 그리고 유일한 탈출구

당신은 '마처세대'인가?(현실 진단)

대한민국 4050세대, 그리고 30대 후반까지 우리는 슬픈 별명을 하나 가지고 있다. 바로 '마처세대'다. 첫 글자를 주시하라.

- 마지막으로 부모를 부양하는 세대
- 처음으로 자녀의 부양을 받지 못하는 세대

우리는 월급을 쪼개 늙으신 부모님의 병원비를 대고, 자녀의 학원비를 댄다. 정작 나를 위해 쓸 돈은 없다. '나중에 우리 애들이 날 챙겨주겠지?' 천만의 말씀이다. 저성장 시대에 태어난 우리 자녀들은 제 앞가림하기도 벅차다. 그들에게 부양을 기대하는 것은 자녀를 가난의 굴레에 빠뜨리는 일이다.

지금 준비하지 않으면, 당신의 노후는 풍요 속의 빈곤이 아니라, 그냥 '처참한 빈곤'이 될 것이다. 이것은 공포 조장이 아니라, 예고된 팩트다.

왜 'AI 풍요의 시대'에 자본이 더 절실한가?

많은 미래학자가 말한다. "AI와 로봇이 노동을 대체하면 생산성이 폭발하고, 기본소득을 받는 풍요의 시대가 온다." 맞는 말이다. 하지만 여기엔 치명적인 함정이 있다.

기본소득 시대의 두 가지 삶

구분	자본이 없는 사람(기본소득 의존)	자본이 있는 사람(생산수단 소유)
의료	국가가 제공하는 기초 의료(대기 시간 김)	프리미엄 역노화 치료, AI 정밀 수술
주거	보급형 임대주택	자연환경이 보존된 프라이빗 타운
여가	넷플릭스, VR 게임(가상 현실 소비)	해외여행, 골프, 실제 경험 소비
노후	"로봇이 만든 빵을 먹으며, 방에서 혼자 늙음"	"로봇 집사의 케어를 받으며, 품위 있게 늙음"

자본이 없으면 로봇이 만든 값싼 제품은 쓸 수 있어도, 인간다운 고품격 서비스는 누릴 수 없다. '풍요 속의 빈곤', 그것이 자본 없는 노후의 진짜 모습이다.

경제독립의 씨앗: 테슬라 & 비트코인

그렇다면 쥐꼬리만 한 월급으로 어떻게 자본을 만드는가? 답은 '세계 1등 자산'을 '적립식'으로 모으는 것이다.

일론 머스크의 1,000조 원 꿈에 편승하라(테슬라)

일론 머스크는 테슬라의 시가총액을 향후 10년 내에 현재의 6배 이상으로 만들겠다고 공언했다(1조 달러 보상안 조건). 우리는 그저 매월 월급날, 커피값을 아껴 테슬라 주식을 사 모으면 된다.

[시뮬레이션] 매월 1주식, 10년의 기적(가정: 매월 1주 매수/연평균 20% 상승 가정/보수적 관점)

기간	누적 주식 수	투자 원금(예상)	10년 후 예상 평가금액	비고
1년 차	12주	약 600만 원	-	시작은 미약하나
5년 차	60주	약 3,500만 원	약 8,000만 원	복리의 마법 시작
10년 차	120주	약 7,000만 원	약 4억 원+@	경제독립 달성

주의: 위 표는 과거 데이터와 머스크의 목표치를 기반으로 한 시뮬레이션이며, 원금 손실 위험이 있다. 하지만 아무것도 하지 않는 위험보다는 낮다.

만약 당신이 10년 전부터 이 행동을 했다면? 원금 6천만 원은 이미 7억 원이 되어 있을 것이다. 과거를 후회하지 말고, 지금 당장 시작하는 것이 핵심이다.

디지털 금, 비트코인(Bitcoin)

달러는 계속 찍어내면 가치가 떨어지지만, 비트코인은 2,100만 개로 한정되어 있다. 자산의 10% 정도는 '디지털 금'인 비트코인에 담아두어 화폐 가치 하락을 방어해야 한다. 이것은 투기가 아니라 '생존을 위한 헤지(Hedge)'다.

마처세대를 위한 3단계 액션 플랜

자, 이제 눈물을 닦고 실행하자. 당신의 노후를 구원할 구체적인 행동 지침이다.

STEP 1. '소비 통제' 선언

- 자녀에게 들어가는 과도한 사교육비를 끊어라. 그 돈으로 아이 명의의 테슬라 주식을 사주는 게 아이의 미래를 위해 백배 낫다.

- 나의 노후가 무너지면, 자녀는 미래에 나를 부양하느라 파산
한다. 나의 노후 준비가 곧 자녀 사랑이다.

STEP 2. '자동 매수' 시스템 구축

- 증권사 앱을 켜라. 매월 월급날 다음 날, '테슬라 1주, 비트코
인 10만 원' 자동 매수를 걸어라.
- 주가가 오르든 내리든 신경 꺼라. 우리는 10년 뒤의 수확을 위
해 씨앗을 뿌리는 농부다.

STEP 3. 공부하는 투자자 되기

- 왜 테슬라인가? 왜 비트코인인가? 확신이 없으면 주가가 떨어
질 때 공포에 질려 팔게 된다.
- 일론 머스크의 전기, 비트코인의 원리를 공부하며 흔들리지
않는 멘탈을 유지하라.

[신동일 소장의 통찰] 10년 뒤의 나를 구하는 골든타임

마처세대 여러분, 우리가 지금 매월 1주, 2주씩 모으는 그 주식이 당장은 종이 조각처럼 가벼워 보일 수 있다. 하지만 절대 가볍게 생각하지 마라. 10년 뒤, 우리가 모은 이 자산들은 단순한 돈이 아니다.

나 대신 일하며 매달 생활비를 벌어다 주는 '강철 로봇'이 될 것이고, 자녀의 도움 없이도 내 존엄을 지켜주는 든든한 효자가 되어 있을 것이다. 준비되지 않은 장수(長壽)는 재앙이지만, 준비된 장수는 축복이다.

지금 흘리는 커피 한 잔 값, 술 한 잔 값을 아껴 심은 그 씨앗이 미래의 나를 비참함에서 구원할 유일한 동아줄임을 명심해야 한다. 가장 늦었다고 생각할 때가, 가장 빠른 때이다. 지금 바로, 당신의 첫 번째 경제독립 씨앗을 심어라.

[신동일 소장의 실전 경제독립 팁] 흔들리지 않는 투자를 위한 3계명

①목표를 시각화하라: 막연히 '부자가 되겠다'가 아니라, '10년 뒤 테슬라 주식 500주 보유'처럼 구체적인 숫자를 책상 앞에 붙여라.

②자동화가 답이다: 의지력을 믿지 마라. 월급날 다음 날 자동으로 주식이 매수되도록 증권사 앱의 '적립식 자동 주문' 기능을 켜라.

③뉴스 끄고 책을 펴라: 하루 등락에 일희일비하게 만드는 주식 뉴스 대신, 기업의 비전을 담은 책이나 창업자의 철학을 공부하라. 멘탈이 돈을 벌어준다.

22장

불가능을 가능으로: 일론 머스크가 증명한 '기적의 연대기'

"그건 물리적으로 불가능해"라는 말을 비웃다

일론 머스크의 지난 20년은 전 세계 전문가들의 비웃음을 '경악'과 '찬사'로 바꾸는 과정이었다. 그가 걸어온 길은 단순한 사업 확장이 아니다. 파산 직전의 절벽 끝에서 인류 기술의 한계를 뚫고 날아오른 생존과 혁신의 역사다.

왜 우리가 이 기업에 경제독립의 씨앗을 심어야 하는지, 그가 증명해 낸 불가능의 기록들을 확인해 보자.

① [우주 혁명] 로켓을 '재활용'해서 쓴다고?(SpaceX)

- 과거의 상식: 로켓은 한 번 쏘면 바다에 버리는 1회용이었다(비행기를 한 번 타고 버리는 꼴).

- 머스크의 기적:

  - 벼랑 끝의 4번째 발사: 2008년, 팰컨 1호의 3번 연속 발사 실패로 스페이스X와 테슬라 모두 파산 직전까지 갔다. 마지막 남은 자금을 털어 쏘아 올린 4번째 발사가 기적적으로 성공하며 기사회생했다.

  - 세계 최초 재사용 로켓: 1단 로켓이 우주에 갔다가 다시 발사대로 돌아와 사뿐히 착륙한다. 이 말도 안 되는 기술로 우주 발사 비용을 경쟁사(보잉, 록히드마틴) 대비 1/10 수준으로 낮췄다.

  - 스타십(Starship): 인류 역사상 가장 거대한 로켓(100톤 적재). 최근 '젓가락 팔(Mechazilla)'로 거대 부스터를 공중에서 낚아채는 기술을 선보이며 화성 이주가 공상이 아님을 증명했다.

② [제조 혁명] 자동차 회사는 다 망한다던 저주를 깨다(Tesla)

- 과거의 상식: "미국에서 지난 100년간 성공한 자동차 스타트업은 없다. 전기차 대량 생산은 불가능하다."

- 머스크의 기적:

  - 생산 지옥 탈출: 모델 3 양산 당시 공장 바닥에서 잠을 자며 시스템을 구축했다. 결과는? 현재 전 세계 전기차 제조사 중 유일하게 대규모 흑자를 내는 기업이 되었다(포드, 리비안 등은 팔수록 적자다).

  - 모델 Y의 신화: 내연기관차(도요타 코롤라)를 제치고 '지구상에서 가장 많이 팔린 자동차 1위'에 등극했다.

③[통신 혁명] 지구의 신경망을 장악하다(Starlink)

- 과거의 상식: 위성 인터넷은 속도가 느리고 비싸서 실패할 것이다.

- 머스크의 기적:

  - 압도적 1위: 현재 지구 궤도를 도는 인공위성의 과반수가 스페이스X 소유다(약 6,000기 이상). 그 어떤 국가나 기업도 넘볼 수 없는 '넘사벽' 인프라를 구축했다.

  - 우주 데이터센터: 이 통신망은 향후 우주 데이터센터 구축의 초석이 되며, xAI의 인공지능 학습을 위한 무한한 데이터를 실시간으로 나른다.

④[AI & 로봇] 인간을 노동에서 해방시키다(FSD & Optimus)

- 과거의 상식: 자율주행은 먼 미래의 일이고, 인간형 로봇은 걷는 것조차 힘들다.

- 머스크의 기적:

  - FSD(완전 자율주행): 전 세계 수백만 대의 테슬라 차량이 실시간으로 도로를 학습한다. 경쟁자가 시뮬레이션 돌릴 때, 테슬라는 실전 데이터를 모은다. 이제 중국과 유럽 등 전 세계 확산이 임박했다.

일론 머스크가 깨부순 '불가능의 리스트'(중요도 순)

순위	혁신 분야	불가능이라 불렸던 과제	머스크가 만든 결과(현재)	비고
1	우주 항공	로켓 재사용 및 비용 절감	세계 최초 1단 로켓 착륙 및 재사용(비용 1/10 혁명)	스페이스 X
2	전기차	전기차의 대량 양산 및 흑자	유일한 흑자 전기차 기업 (모델Y 세계 판매 1위)	테슬라
3	통신	전 지구적 초고속 인터넷	스타링크 위성망 독점 (지구 음영 지역 '0')	스페이스 X
4	자율 주행	카메라만으로 운전하기	End-to-End 뉴럴넷 FSD (로보택시 상용화 임박)	테슬라 AI
5	로봇	인간을 대체할 범용 로봇	옵티머스 공장 투입 (단가 2만 달러 목표)	테슬라 봇
6	화성	인류의 다행성 이주	스타십 100톤 화물 적재 (메카질라 공중 포획 성공)	인류의 꿈

- 옵티머스(Optimus): 로봇 데이에서 춤추는 알바생을 세웠던 게 엊그제 같은데, 불과 2년 만에 공장에서 배터리 셀을 분류하고 빨래를 갠다. 가장 빠른 AI 확장성을 보여주는 사례다.

[투자자의 눈] 혁신가는 혁신을 알아본다: 비트코인 투자

테슬라와 스페이스X는 재무제표에 비트코인(Bitcoin)을 자산으로 보유한 몇 안 되는 글로벌 대기업이다. 왜일까? 머스크는 알고 있기 때문이다.

머스크가 알고 있던 그것은 ①기존 화폐의 한계였다. 달러를 무한정 찍어내면 가치가 하락한다는 사실을 누구보다 잘 아는 그는, 기술적 결함이 없는 '디지털 금'인 비트코인의 가치를 일찌감치 인정했다. 두 번째 ②혁신의 동질감이었다. 기존 금융 시스템의 비효율을 깨려는 비트코인의 철학은, 기존 자동차/우주 산업을 깨부수는 테슬라/스페이스X의 철학(DNA)과 닮아 있다.

[결론] 당신의 경제독립 씨앗, 어디에 심겠는가?

누군가는 테슬라 주가가 떨어지면 "거품이 꺼졌다"며 조롱한다.

하지만 역사를 보라. ①파산 직전 팰컨 1호를 쏘아 올리던 그 간절함 ②공장 바닥에서 자며 모델 3를 만들어내던 그 집요함. 이것이 지금의 '천조(1,000조) 기업' 테슬라를 만들었다.

우리가 테슬라와 비트코인에 투자한다는 것은, 단순히 돈을 좇는 것이 아니다. '불가능을 가능으로 바꾸는 인류의 위대한 혁신'에 동참하는 것이다.

가장 사업을 잘하는 사람(머스크)에게 내 자산을 맡기고, 가장 혁신적인 자산(비트코인)으로 내 돈을 지키는 것. 이것이 마처세대가 경제독립을 이루는 가장 확실하고 빠른 길이다. 의심하지 말고, 거인의 어깨에 꽉 붙어 있으라.

[냉정한 비교] 현대기아차 vs 테슬라: 넘사벽의 실체

국뽕을 빼고 냉정하게 보자. 현대기아차는 정말 훌륭한 차를 만든다. 아이오닉과 EV6의 디자인과 하드웨어 완성도는 테슬라를 턱밑까지 추격했다. 우리는 현대차를 응원해야 한다. 하지만 투자자의 눈은 냉철해야 한다.

현대차 vs. 테슬라: 하드웨어는 넘지만 소프트웨어는 못 넘는다

구분	현대기아차(제조사)	테슬라(AI 기업)
비즈니스 모델	차를 팔아서 마진을 남김(1회성)	차를 판 뒤, FDS 구독료를 평생 받음(반복)
자율주행 방식	HD맵+라이더/레이더 의존 (지역 한정)	비전 AI+뉴럴넷 (전 세계 어디서나)
데이터 양	수집 단계	수십억 마일의 실제 주행 영상 데이터
결론	"좋은 자동차 회사"	"바퀴 달린 로봇 회사"

현대차가 '스마트폰 시대의 삼성전자(하드웨어 강자)'라면, 테슬라는 '애플(OS 생태계 지배자)'이다. 이 격차(Moat)는 시간이 갈수록 벌어질 수밖에 없다. 이것이 우리가 테슬라를 주력으로 가져가야 하는 이유다.

23장

[심층 분석]

xAI는 왜 '미래의 1등'인가?
: 텍스트를 넘어 '현실'을 지배할
유일한 피지컬 AI(Physical AI)

순위에 속지 마라 : 챗봇 1등 vs. 현실 1등

많은 사람들이 오픈AI의 챗GPT를 1등이라고 말한다. 하지만 그것은 컴퓨터 화면 속 텍스트와 이미지 세상(Digital AI)에서의 이야기일 뿐이다. 일론 머스크의 xAI는 게임의 룰을 바꿨다. 그들의 목표는 모니터 속 비서가 아니라, 현실 세계를 물리적으로 제어하는 지능이다.

- 경쟁사(OpenAI, 구글): 뇌(소프트웨어)는 있지만 몸(하드웨어)이 없다. 남의 로봇이나 기계를 빌려 써야 한다.

- xAI+Tesla: 지구상 유일하게 뇌(xAI)와 몸(Tesla 로봇/차량)을 모두 가진 기업이다.

[팩트 체크] xAI가 AGI(범용 인공지능)에 가장 가까운 이유 3가지

① 압도적 하드웨어 파워

AI5 칩과 그 너머 테슬라는 단순한 자동차 회사가 아니다. 자체적으로 AI 반도체를 설계하는 팹리스(Fabless) 기업이다.

- AI5 칩의 위력: 머스크는 차세대 하드웨어 'AI5'가 기존 HW4보다 10배의 성능을 낼 것이라고 밝혔다. 이는 엔비디아의 최신 칩(B200)과 맞먹는 수준의 추론 능력을 가진다.
- 미래 로드맵(AI5~AI8): 테슬라는 멈추지 않는다. AI5를 넘어 AI8까지 이어지는 자체 칩 로드맵은 로보택시와 옵티머스 봇이 클라우드 연결 없이도 스스로 판단하는 '독자적 슈퍼컴퓨터'가 됨을 의미한다.

②수백만 개의 움직이는 두뇌(Mass Scale)

오픈AI가 서버실에 갇혀 있을 때, xAI의 두뇌는 거리로 나간다.

- 로보택시 & 옵티머스: 향후 연간 2,000만 대 생산을 목표로 하는 테슬라의 차량과 로봇들은 그 자체로 '움직이는 AI 에이전트'다.
- 분산 컴퓨팅: 전 세계에 깔린 수억 대의 테슬라 기기들이 유휴 시간에 xAI의 연산을 돕는다면? 이는 아마존이나 구글의 데이터센터를 합친 것보다 더 거대한 '지구 규모의 신경망'이 된다.

③ 진짜 지능은 '경험'에서 나온다

어린아이가 책(텍스트)만 읽는다고 똑똑해질까? 직접 만지고(촉각), 넘어지고(물리법칙), 보는(시각) 경험이 쌓여야 진짜 지능이 생긴다.

- AGI의 열쇠: 텍스트만 학습한 챗GPT는 '물 컵을 쏟으면 젖는다'를 글로만 배운다. 하지만 xAI는 옵티머스 로봇을 통해 중력, 마찰력, 무게감을 '몸으로' 배운다. 이것이 바로 인류가 꿈꾸는 진정한 AGI(범용 인공지능)로 가는 가장 확실한 지름길이다.

[시너지 폭발] 테슬라 생태계의 완성

일론 머스크의 큰 그림에서 xAI는 모든 사업을 연결하는 '마스터 키'다.

- xAI(두뇌): 초지능 모델 Grok 개발(물리학 이해)

- Tesla(몸): AI5 칩이 탑재된 로보택시와 옵티머스가 현실 세계 수행

- SpaceX(신경망): 스타링크로 전 세계 어디서나 이들을 초고속 연결

- X(데이터): 인간의 실시간 피드백 학습

[결론] 경쟁사들이 '소프트웨어'라는 반쪽짜리 전쟁을 하고 있을 때, 머스크는 '하드웨어+소프트웨어+통신+데이터'를 수직 계열화하여 2위가 넘볼 수 없는 초격차(Moat)를 완성했다.

> **[신동일 소장의 경제독립 인사이트] "보이지 않는 것을 보는 눈을 가져라"**
>
> 지금 당장 눈앞의 챗봇 순위가 5등이라고 해서 xAI를 무시한다면, 당신은 스마트폰 초창기에 "아이폰은 통화 품질이 별로야"라며 노키아를 샀던 사람과 같다. 진정한 투자는 '잠재력'을 보고 하는 것이다.
>
> 지구상에서 유일하게 '생각하는 AI'와 '움직이는 로봇'을 동시에 대량 생산할 수 있는 기업. 머스크가 xAI를 통해 완성할 세상은 단순히 채팅을 잘하는 세상이 아니라, 로봇이 내 일을 대신해주고, 차가 나를 데려다주는 물리적 노동 해방의 세상이다.
>
> 이 거대한 생태계의 가치를 안다면, 지금의 테슬라 주가는 여전히 초기 단계일 뿐이다. AGI의 시대, 최후의 승자는 뇌와 몸을 모두 가진 자가 될 것이다.

24장

[심층 분석]

애플을 제치고 왕좌에 오른 'AI의 심장', 엔비디아

지금 사도 늦지 않았나?: 젠슨 황이 설계한 100년 제국

2024년, 자본주의 역사의 한 페이지가 넘어갔다. 스마트폰 혁명으로 10년 넘게 전 세계 시가총액 1위를 지켜오던 애플(Apple)의 시대가 저물고, 인공지능(AI) 혁명의 심장을 만드는 '엔비디아(NVIDIA)'가 그 왕좌를 차지했다.

많은 사람들이 묻는다. "지금 엔비디아 주가는 너무 비싼 것 아닌가요? 꼭지 아닌가요?" 결론부터 말하자면, 당신이 스마트폰 시대의 초입에 애플 주식을 '너무 비싸다'고 외면했다가 땅을 치고 후회했던 실수를 반복하고 싶지 않다면, 지금이라도 엔비디아를 공부해야 한다. 테슬라가 '미래'를 파는 회사라면, 엔비디아는 '현재' 돈을 쓸어 담고 있는 회사다.

[인물 탐구] 젠슨 황(Jensen Huang) : 가죽 잠바를 입은 AI의 아버지

엔비디아를 이해하려면, 이 회사를 30년 넘게 이끌어온 창업자 젠슨 황을 알아야 한다. 일론 머스크가 괴짜 천재라면, 젠슨 황은 지독한 완벽주의자이자 실용주의자다.

이민자 소년, 실리콘밸리의 전설이 되다

1963년 대만에서 태어난 젠슨 황은 9살 때 미국으로 이민을 갔다. 켄터키의 기숙학교에서 동양인이라는 이유로 괴롭힘을 당하면서도, 그는 화장실 청소를 도맡으며 강인한 생존 본능을 키웠다.

스탠퍼드 대학을 졸업하고 1993년, 30세의 나이에 패밀리 레스토랑 '데니스(Denny's)' 구석 자리에서 친구 두 명과 함께 엔비디아를 창업했다. 그로부터 32년, 그는 한 번도 CEO 자리에서 물러나지 않고 스타트업이었던 엔비디아를 세계 1등 기업으로 키워냈다. 이것은 현대 경영사에서 보기 드문 기적이다.

"우리는 30일 뒤 망할 수 있다"

그의 경영 철학은 '지적 정직함(Intellectual Honesty)'과 '편집광적인 위기의식'이다. 엔비디아는 1990년대 중반 파산 직전까지 갔다가 기적적으로 살아난 경험이 있다. 그래서 그는 회사가 시총 1위가 된 지금도 직원들에게 말한다.

"우리는 언제든 30일 안에 망할 수 있다. 그러니 걷지 말고 뛰어라(Run, don't walk)."

이 절박함이 엔비디아를 단순한 그래픽 카드 회사에서 AI 컴퓨팅 제국으로 진화시킨 원동력이다.

세상을 움직이는 두 거인: 젠슨 황 vs. 일론 머스크

구분	젠슨 황(NVIDIA)	일론 머스크(Tesla)
핵심 영역	디지털 AI(가상/소프트웨어)	피지컬 AI(현실/하드웨어)
리더십 스타일	치밀함, 겸손, 가족 경영 같은 끈끈함	파격, 도발, 불가능에 대한 무한 도전
비유	"곡괭이를 파는 상인" (모두에게 공급)	"직접 금광을 캐는 광부" (자체 서비스)
현재 위치	압도적 1위(현재의 지배자)	추격하는 다크호스(미래의 지배자)
공통점	이민자 출신, 공학적 천재성, 주 7일 일하는 워커홀릭	

[기업 분석] 왜 엔비디아인가?: 대체 불가능한 'AI의 산소'

엔비디아 주가가 꺾이지 않는 이유는 간단하다. 전 세계 모든 빅테크 기업들(MS, 구글, 아마존, 메타, 테슬라)이 엔비디아의 칩을 사기 위해 돈 보따리를 들고 기다리고 있기 때문이다.

GPU: 인공지능의 두뇌

과거의 컴퓨터(CPU)가 순차적으로 계산하는 모범생이었다면, AI 시대에는 수만 개의 데이터를 동시에 처리하는 천재가 필요하다. 그것이 바로 엔비디아의 GPU(그래픽 처리 장치)다. 챗GPT 같은 생성형 AI를 학습시키고 돌리는 데 엔비디아의 칩(H100, 블랙웰 등) 없이는 불가능하다. 시장 점유율 90% 이상, 사실상 독점이다.

CUDA: 칩보다 무서운 소프트웨어 생태계(경제적 해자)

경쟁사(AMD, 인텔)가 성능 좋은 칩을 만들어도 엔비디아를 이길 수 없는 진짜 이유는 바로 '쿠다(CUDA)'라는 소프트웨어 생태계 때문이다. 2006년, 젠슨 황은 회사가 적자가 나는 상황에서도 개발자들이 GPU를 쉽게 쓸 수 있는 무료 프로그램 '쿠다'를 배포했다. 20년이 지난 지금, 전 세계 400만 명의 AI 개발자가 쿠다에 익숙해져 있다.

이것은 마치 애플의 'iOS(앱스토어)' 생태계와 같다. 갤럭시 성능이 아무리 좋아도 아이폰에 익숙한 사람이 쉽게 넘어가지 못하듯, 개발자들은 엔비디아 생태계를 떠날 수 없다. 이것이 엔비디아의 가장 강력한 방어막이다.

[미래 전망] 앞으로 5년, '애플의 길'을 걷는다

일각에서는 'AI 거품론'을 제기하며 엔비디아의 추락을 경고한다. 하지만 나는 엔비디아가 과거 애플이 스마트폰 시장을 장악하고 10년 넘게 1등을 유지했듯, 향후 5년 이상 'AI 인프라'의 제왕으로 군림할 것이라 확신한다. 엔비디아의 성장 동력이 꺼지지 않는 3가지 이유는 다음과 같다.

①소버린 AI(Sovereign AI): 국가가 손님이다

이제 기업뿐만 아니라 국가가 나선다. 일본, 프랑스, 중동, 싱가포르 등 각국 정부는 "미국 기업에 우리의 데이터를 맡길 수 없다"며 자체적인 AI 슈퍼컴퓨터를 구축하고 있다. 즉, 국가 단위의 사재기가 시작되었다.

②산업계로의 확산: 디지털 트윈과 옴니버스

지금까지는 IT 기업들만 칩을 샀다. 하지만 이제는 제약회사(신약 개발), 자동차 회사(자율주행), 제조 공장(로봇 시뮬레이션)들이 엔비디아의 '옴니버스(Omniverse)' 플랫폼을 통해 가상 세계에서 실험하고 현실에 적용한다. 고객층이 전 산업으로 폭발적으로 넓어지고 있다.

③다음 세대의 칩: 블랙웰(Blackwell)

젠슨 황은 1등에 안주하지 않고 매년 성능이 2배, 3배 뛰어난 괴물 같은 신제품을 내놓는다. 경쟁사가 '이제 좀 따라왔나?' 싶으면 저 멀리 달아나 버린다. 이것이 젠슨 황이 말한 '뛰어라(Run)' 전략이다.

[신동일 소장의 통찰] 골드러시의 교훈

19세기 미국 서부 골드러시 때, 금을 찾으러 온 사람보다 청바지(리바이스)와 곡괭이를 판 사람이 가장 확실하게 돈을 벌었다. AI 혁명이라는 21세기 골드러시에서, 누가 금(최고의 AI 서비스)을 캐낼지는 아직 모른다. 구글이 이길지, 오픈AI가 이길지 불확실하다. 하지만 누가 이기든 그들은 반드시 엔비디아의 곡괭이(GPU)를 써야 한다. 이것이 우리가 경제독립 포트폴리오에 엔비디아를 반드시 편입해야 하는 이유다.

[투자 전략] 쌍두마차에 올라타라(테슬라+엔비디아)

자본이 부족한 마처세대에게 가장 현명한 전략은 '확실한 현재'와 '폭발적인 미래'를 동시에 가져가는 것이다.

- 엔비디아(비중 30~40%): [현재의 1등] AI 시대의 기반이 되는 인프라 기업. 꾸준한 우상향과 안정적인 수익을 기대할 수 있다. 애플이 보여주었던 배당 성장과 자사주 매입의 주주 친화적 행보를 따라갈 것이다.

- 테슬라(비중 40~50%): [미래의 1등] 엔비디아 칩으로 학습한 지능을 로봇과 자동차에 이식해 실생활을 혁명할 기업. 변동성은 크지만, 성공 시 자산 증식 효과는 엔비디아를 능가할 수 있다.

젠슨 황은 1963년생, 환갑이 넘은 나이에도 여전히 검은 가죽 잠바를 입고 전 세계를 뛰고(Run) 있다. 그의 치열함은 우리에게 중요한 투자 철학을 던져준다.

①'1등의 등'에 올라타라(Ride the Giants)

내가 젠슨 황처럼 천재가 될 수 없다면, 천재가 운영하는 회사의 주인이 돼라. 내가 잠든 사이에도 젠슨 황은 엔비디아의 불을 켜놓고 일할 것이고, 일론 머스크는 공장에서 쪽잠을 자며 혁신할 것이다. 그들의 피땀 어린 노력을 주식 매수를 통해 '내 자산의 성장'으로 연결하라.

②'현재'와 '미래'를 섞어라(Mix the Time)

엔비디아는 이미 돈을 쓸어 담고 있는 현재의 권력이고, 테슬라는 세상을 뒤집을 미래의 권력이다. 어느 한쪽에 올인하기보다, 이 두 마리 말(쌍두마차)에 나눠 타라. 그래야 안정감과 폭발력을 동시에 가져갈 수 있다.

③평생 현역의 마인드를 가져라(Run, don't walk)

100세 시대다. 언젠가 노동 소득이 멈추는 날이 반드시 온다. 그때를 위해 지금부터 자본 소득 시스템을 만들어야 한다.

"나는 이제 늙어서 새로운 기술은 몰라"라는 핑계는 접어두자. 60대 젠슨 황도 매일 공부하고 뛴다. 버스는 아직 출발하지 않았다. 아니, 이제 막 속도를 내기 시작했다. 지금 바로 거인의 어깨에 올라타자.

25장

[경제독립 실전 총정리]

당신의 10년을 책임질 '4대 천왕': 부의 추월차선에 올라타기 위한 최정예 포트폴리오

지금까지 우리는 시대를 이끄는 거인들을 하나씩 깊이 있게 살펴보았다. 이제 흩어진 퍼즐 조각을 맞춰 하나의 완성된 그림을 볼 차례다. 이 4개 기업은 단순히 주가 등락을 거듭하는 주식 종목이 아니다. 4차 산업혁명이라는 거대한 파도 위에서 당신을 가장 안전하고 빠르게 목적지(경제독립)로 데려다줄 '노아의 방주'다. 왜 이 4개인가?

- 테슬라 & 엔비디아: 이미 시장을 지배하고 있는 '현재의 권력'이자 확실한 캐시카우.
- 팔란티어 & 아이온큐: 앞으로 10년 뒤 세상을 뒤집을 '미래의 권력'이자 폭발적 성장 동력.

이 황금 비율의 포트폴리오를 통해, 우리는 변동성 앞에서도 흔들리지 않는 '경제독립 ETF'를 완성할 수 있다.

테슬라(Tesla): 지구상 유일의 '완성형 미래'

[Deep Dive] 왜 테슬라가 포트폴리오의 1순위인가?

"단순한 자동차 회사가 아니다. 에너지, 로봇, AI를 모두 가진 거대 제국이다."

많은 사람들이 테슬라를 전기차 판매량으로만 평가하며 성장이 둔화되었다고 말한다. 하지만 이는 빙산의 일각만 봤기 때문에 갖는 시각이다. 일론 머스크가 설계한 '마스터 플랜 4'를 이해하면, 지금의 주가는 여전히 초기 단계임을 알 수 있다.

마스터 플랜의 핵심: 에너지와 로봇의 결합

테슬라의 비전은 명확하다. 태양광으로 에너지를 만들고(Solar), 메가팩에 저장하며(Battery), 그 에너지로 로봇과 AI를 돌리는(Bot & Compute) '지속 가능한 풍요'의 세상을 만드는 것이다. 특히 에너지 저장 장치(ESS) 사업은 전기차보다 성장 속도가 더 빠르다. 전 세계 발전소를 대체하는 이 시장은 테슬라의 새로운 캐시카우가 되고 있다.

불가능을 가능으로 바꾼 혁신의 DNA

테슬라 투자자가 가져야 할 확신은 일론 머스크가 증명해 온 기적의 역사에서 나온다.

- 제조 혁명: '미국에서 지난 100년간 성공한 자동차 스타트업은 없다'는 징크스를 깨고, 모델 Y를 지구상에서 가장 많이 팔린 차 1위에 올렸다.

- 우주 혁명(SpaceX와의 시너지): 로켓을 재활용하는 기술로 우주 발사 비용을 1/10로 줄였다. 화성 탐사를 위해 개발된 신소재와 배터리 기술은 고스란히 테슬라 차량과 로봇의 내구성을 높이는 데 사용된다.

[핵심 기술] 미래를 독점할 3가지 무기

①FSD(완전 자율주행): 전 세계 수백만 대의 차량이 실시간으로 도로를 학습한다. 경쟁사가 컴퓨터 시뮬레이션을 돌릴 때, 테슬라는 실전 데이터를 모은다. 로보택시가 상용화되는 순간, 테슬라는 차

를 파는 회사가 아니라 운송 서비스를 파는 플랫폼 기업이 된다.

②**옵티머스(Optimus)**: 인류 최후의 발명품이라 불리는 휴머노이드 로봇. 공장에서 배터리를 나르고 집안일을 대신한다. 일론 머스크는 "옵티머스가 테슬라 가치의 대부분을 차지할 것"이라 예언했다.

③**스타링크(초연결)**: 스페이스X의 위성 인터넷은 테슬라 차량을 지구 어디서나 연결되는 '움직이는 스마트폰'으로 만든다. 전쟁터에서도 터지는 이 통신망은 경쟁사가 절대 따라올 수 없는 테슬라만의 무기다.

> [투자 포인트] 10년 뒤, 도로에는 운전대 없는 테슬라 택시가 다니고, 가정에는 옵티머스 로봇이 들어와 있을 것이다. 그때 가서 사려 하면 늦고 만다. 지금의 변동성은 미래의 독점 기업을 싸게 살 기회다.

엔비디아(NVIDIA): AI 시대의 '산소' 같은 존재

[Deep Dive] 젠슨 황이 설계한 100년 제국

"금을 캐는 사람보다 확실하게 돈을 버는 것은, 청바지와 곡괭이를 파는 사람이다."

2024년, 엔비디아는 애플을 제치고 세계 시가총액 1위에 등극했다. 이는 우연이 아니다. 창업자 젠슨 황은 30년 전부터 이 순간을 준비해 왔다. 1위에 오른 지금도 현실에 안주하지 않고 언제든 망할 수 있으니 '뛰자'는 자세로 임하며, '쿠다'라는 소프트웨어를 통해 경쟁자가 뛰어넘을 수 없는 벽을 건설했다.

[성장 동력] 멈추지 않는 수요의 폭발

일각에서 제기하는 'AI 거품론'을 비웃기라도 하듯 현장의 수요는 정반대의 길을 가고 있다. 이제는 기업뿐만 아니라 국가(일본, 프랑스, 중동 등)가 나서서 자체 AI를 구축하기 위해 엔비디아 칩을 구매한다.

산업의 확장을 통해 기존 IT 기업을 넘어 이제는 여러 분야에서 엔비디아를 부르짖고 있다. 모든 산업에 '지능'이 필요해지는 순간, 엔비디아의 칩은 선택이 아닌 필수가 된다.

[투자 포인트] AI 혁명의 승자가 누구일지 모르지만, 누가 이기든 그들은 반드시 엔비디아의 칩을 써야 한다. 가장 확실하고 안전한 길을 원한다면, 엔비디아는 포트폴리오의 중심(Core)이 되어야 한다.

팔란티어 (Palantir): 난세의 영웅, 데이터의 지휘자

[Deep Dive] CIA가 선택한 은밀한 파트너

"세상이 혼란스러울수록 팔란티어의 가치는 빛난다."

2003년, 피터 틸과 알렉스 카프는 "데이터로 테러를 막겠다"며 팔란티어를 창업했다. 그들의 첫 투자자는 다름 아닌 미국 CIA였다. 팔란티어의 철학은 독특하다. AI가 인간을 대체하는 것이 아니라, 아이언맨의 슈트처럼 인간의 지능을 증강(Intelligence Augmentation)시켜 최적의 판단을 내리게 돕는 것이다.

전장에서 증명된 실력(고담, Gotham)

팔란티어의 소프트웨어 '고담'은 오사마 빈 라덴 제거 작전, 우크라이나 전쟁, 이스라엘 분쟁 등 실제 전장에서 적군의 위치를 파악하고 작전을 수립하는 데 쓰였다. 이것은 단순한 프로그램이 아니라 서방 세계의 안보 운영체제(OS)다.

기업의 혈관을 뚫다(파운드리, Foundry)

이제 팔란티어는 전쟁터를 넘어 기업으로 향한다. 에어버스의 비행기 생산 공정, 병원의 환자 배치, 반도체 수율 관리 등 복잡하게 얽힌 기업의 데이터를 통합하여 비용을 획기적으로 줄여준다. 최근 출시한 'AIP(AI Platform)'는 기업들이 AI를 실무에 즉시 적용할 수 있게 해주며 폭발적인 성장세를 이끌고 있다.

> [투자 포인트] 전쟁, 기후 위기, 공급망 붕괴 등 지정학적 리스크가 커질수록 팔란티어를 찾는 국가와 기업은 늘어난다. 미국 정부가 보증하는 가장 강력한 B2G, B2B 소프트웨어 기업이다.

아이온큐(IonQ): 신의 언어를 해독하는 '제2의 엔비디아'

[Deep Dive] 한국인 천재와 양자 컴퓨터의 꿈

"가장 완벽한 물질인 원자로, 가장 복잡한 문제를 푼다."

기존 슈퍼컴퓨터가 0과 1(비트)로 계산한다면, 양자 컴퓨터는 0과 1을 동시에 처리(큐비트)한다. 슈퍼컴퓨터로 1만 년 걸릴 문제를 몇 초 만에 풀어내는 이 꿈의 기술을 현실로 만든 기업이 바로 아이온큐다. 여기에는 한국인 김정상 교수(듀크대)와 크리스 먼로 교수의 25년

집념이 담겨 있다.

이온 트랩(Trapped Ion): 자연이 준 선물

구글이나 IBM이 인공적으로 만든 초전도 방식에 매달릴 때, 아이온큐는 자연 상태의 '원자(이온)'를 공중에 띄워 계산하는 방식을 택했다.

- 장점: 자연 원자는 모두 똑같기 때문에 오류가 적고, 거대한 냉각 장치 없이도 상온에 가까운 환경에서 작동이 가능하다.
- 성과: 최근 2큐비트 게이트 충실도 99.99%를 달성하며 상용화의 기술적 난제를 넘어섰다. 이는 양자 컴퓨터계의 '챗GPT 모멘텀'과 같다.

파트너가 증명하는 미래

아마존, 구글, 마이크로소프트 클라우드에 모두 입점해 있으며, 현대차와 배터리 효율을 연구하고 에어버스 화물 적재를 최적화한다. 아직 적자 기업이지만, 그 잠재력은 10년 전의 테슬라나 엔비디아와 같다.

[투자 포인트] 하이 리스크, 하이 리턴이다. 하지만 양자 기술이 상용화되면 바이오(신약), 금융, 신소재의 역사가 바뀐다. 자산의 5~10%를 미래의 로또라 생각하고 묻어둔다면, 10년 뒤 인생을 바꿀 기회가 될 것이다.

[신동일 소장의 제언] 나만의 '경제독립 ETF'를 만들어라

이 4개 기업을 하나씩 따로 보지 마라. 이들은 서로 연결되어 있다.

- 엔비디아의 칩으로 테슬라와 팔란티어가 AI를 돌리고,
- 테슬라의 로봇이 생산한 현실 데이터를 팔란티어가 분석하며,
- 먼 미래, 기존 컴퓨터가 풀지 못하는 한계를 아이온큐의 양자 컴퓨터가 돌파할 것이다.

군이 복잡하게 다른 종목을 찾을 필요가 없다. 이 4개 기업에 적절한 비율로 분산 투자하는 것만으로도, 당신은 전 세계 최고의 기술 혁신 ETF를 직접 운용하는 펀드매니저가 되는 셈이다.

'가장 좋은 투자는, 내가 잠든 사이에도 나를 위해 가장 열심히 일하는 천재들에게 내 돈을 맡기는 것이다.' 지금 바로, 이 위대한 4명의 천재(머스크, 젠슨 황, 알렉스 카프, 김정상/피터 챕맨)와 동업을 시작하라.

26장

[실전 투자 사례]

경제독립을 먼저 쟁취한 실전투자 롤모델: 그들은 어떻게 남들보다 먼저 '부의 파도'에 올라탔나?

주식 시장에는 수많은 소음이 존재한다. 하지만 그 소음 속에서 '신호'를 발견하고, 남들이 비웃을 때 묵묵히 씨앗을 심어 거대한 숲을 이룬 사람들이 있다. 이 챕터에서는 우리의 4대 핵심 기업(테슬라, 엔비디아, 팔란티어, 아이온큐)에 남들보다 먼저 투자해 경제독립을 쟁취한, 혹은 거대한 부를 일군 '투자 롤모델'들의 비결을 훔쳐보자.

테슬라의 롤모델 '론 바론(Ron Baron)': "공장을 보고, CEO를 믿어라"

론 바론은 '바론캐피털(Baron Capital)'의 회장으로 월가의 전설적인 가치 투자자로 꼽힌다. 2014년부터 현재까지 10년 이상 테슬라를 보유하고 있으며, 초기 투자금 대비 수십 배 수익(조 단위 이익 실현 및 보유)을 이미 거두었다.

론 바론의 테슬라 투자 스토리

2014년, 월가의 모든 사람이 일론 머스크를 몽상가 혹은 사기꾼이라고 비난하고, 테슬라가 곧 망할 것이라며 공매도 공격을 퍼부을 때였다. 하지만 70대의 노장 투자자 론 바론은 조용히 테슬라 주식을 사 모으기 시작했다. 그는 무려 5,000억 원어치를 매수했다. 사람들이 "미쳤다"고 했을 때 그는 이렇게 말했다.

"나는 주식 차트를 보지 않는다. 나는 일론 머스크의 눈빛을 보았고, 그가 짓고 있는 공장을 보았다."

그는 매년 테슬라 공장을 직접 방문해 생산 라인이 어떻게 돌아가는지 체크했다. 2018년 '모델 3' 생산 지연으로 파산설이 돌며 주가가 반토막 났을 때도 그는 단 한 주도 팔지 않았다. 그 결과, 그는 테슬라로만 수조 원을 벌어들이며 '존버(Strong Hold)의 신'이자 테슬라 장기 투자의 상징이 되었다.

엔비디아의 롤모델 데이비드 가드너(David Gardner): "꽃이 피면 꺾지 말고 물을 줘라"

데이비드 가드너는 미국 유명 투자 매체 '모틀리 풀(The Motley Fool)' 공동 창업자로 2005년 엔비디아를 추천하여(당시 주가 약 $1~2 수준/분할 조정 기준) 5,000% 이상(50배 이상)의 경이로운 수익률을 투자자들에게 안겨주었다.

데이비드 가드너의 엔비디아 투자 스토리

엔비디아가 지금처럼 세상을 지배하기 훨씬 전인 2005년, 데이비드 가드너는 엔비디아를 '강력 매수' 추천했다. 당시 엔비디아는 그저 게임용 그래픽 카드나 만드는 회사였다. 하지만 가드너는 남들이 보지 못한 것을 보았다. "사람들이 컴퓨터로 하는 일이 점점 시각적(Visual)으로 변하고 있다. 미래에는 CPU보다 GPU가 더 중요해질 것이다."

그의 예측은 적중했다. 주가가 2배, 3배 올랐을 때 사람들은 "이제 너무 비싸니 팔아라"라고 아우성쳤다. 하지만 그는 오히려 "이기는 말에 계속 베팅하라"며 매도하지 않았다. 그 결과 그는 엔비디아 하나로 회원들에게 인생을 바꿀 수익을 안겨주었다.

[데이비드 가드너의 경제독립 노하우]

- 승자는 계속 이긴다: 주가가 많이 올랐다고 파는 것은, 화단에 핀 꽃(우량주)을 뽑고 잡초(잡주)에 물을 주는 것과 같다.
- 세상의 변화를 읽어라: 그는 게임 시장이 커질 것을 알았고, 그 핵심 부품을 만드는 엔비디아를 샀다. 지금으로 치면 AI 시장이 커지는 현상을 보고 투자하는 것과 같다.
- 변동성을 즐겨라: 엔비디아도 역사적으로 50% 폭락한 적이 수없이 많았다. 그 고통을 견딘 값(Risk Premium)이 바로 5,000% 수익이다.

팔란티어의 롤모델 스탠리 드러켄밀러(Stanley Druckenmiller): "늙은 사자가 새로운 사냥법을 배웠다"

스탠리 드러켄밀러(Stanley Druckenmiller)는 조지 소로스와 함께 영국 파운드화를 무너뜨린 월가의 전설적인 트레이더로, 2023년~2024년(본격적인 AI 시대 진입기) 기간 팔란티어에 투자했다. AI가 실제 돈이 된다는 사실을 간파하여 큰 수익률을 거두었다.

스탠리 드러켄밀러의 팔란티어 투자 스토리

스탠리 드러켄밀러는 원래 기술주보다는 거시 경제 흐름을 읽는 매크로 투자자다. 그런 그가 70세가 넘은 나이에 갑자기 팔란티어를 대량 매수했다고 공시해 월가를 놀라게 했다. 그는 솔직하게 인정했다. "나는 AI 코딩을 모른다. 하지만 내 젊은 파트너들이 보여준 팔란티어의 기술은 충격적이었다."

그는 팔란티어가 단순한 챗봇이 아니라, 전쟁터와 기업 현장에서 실제 문제를 해결해 주는 것을 보고 확신을 가졌다. 전설적인 노장 투자자가 자신의 무지를 인정하고, 새로운 시대의 흐름인 팔란티어에 과감히 올라탄 것이다.

[드러켄밀러의 경제독립 노하우]

- 유연한 사고를 가져라: 내가 예전에 어떻게 돈을 벌었는지는 중요하지 않다. 세상이 AI로 바뀌면 투자 방식도 AI로 바꿔야 한다.
- B2B의 파괴력을 믿어라: 소비자가 쓰는 앱보다, 기업과 정부가 쓰는 소프트웨어(팔란티어)가 훨씬 더 강력하고 끈끈한 매출(Lock-in)을 만든다.
- 확신이 들면 질러라: 그는 팔란티어의 가능성을 보자마자 망설임 없이 포트폴리오 비중을 늘렸다.

아이온큐 : "천재 교수와 함께 미래를 선점하다"

아이온큐 투자의 롤모델로는 공동창업자 김정상 교수(듀크대 석좌교수)와 초기 전략적 투자자인 현대자동차(Smart Money)를 들 수 있다. 기술의 태동기에 '사람'과 '미래'에 투자했다는 데 포인트가 있다.

투자 스토리

아이온큐는 아직 테슬라나 엔비디아처럼 대박을 터뜨린 개인 투자자가 나오기엔 이른 시점이다. (지금 투자하는 당신이 10년 뒤 그 주인공이 될 것이다.) 대신 우리는 '누가' 여기에 먼저 돈을 댔는지를 봐야 한다. 바로 한국이 낳은 천재 물리학자 김정상 교수가 창업했고, 글로벌 기업 현대자동차가 초기에 과감하게 투자했다.

현대차는 왜 자동차 회사인데 양자 컴퓨터 회사에 투자했을까? 배터리 신소재 개발, 자율주행 경로 최적화 등 미래 모빌리티의 난제를 풀 열쇠가 양자 컴퓨터에 있다고 봤기 때문이다. 김정상 교수는 말한다. "양자 컴퓨터 시대는 100년 뒤가 아니라, 우리 세대에 반드시 온다." 창업자와 스마트 머니(현대차)가 한 방향을 보고 있다면, 그곳에 우리의 경제독립 씨앗을 심는 것은 가장 합리적인 선택이다.

> **[아이온큐 투자자를 위한 조언]**
>
> - 가장 똑똑한 사람을 따라가라: 양자 역학을 이해할 수 없다면, 그 분야 세계 1위 석학(김정상, 크리스 먼로)이 만든 회사에 투자하라.
> - 초기 선점의 효과: 테슬라를 10년 전에 샀다면 어땠을까? 아이온큐는 지금이 바로 그 '10년 전'일 수 있다. 리스크는 크지만, 성공 시 과실은 상상을 초월한다.
> - 국뽕이 아니라 실력이다: 한국인 창업자라서가 아니라, 구글/아마존과 경쟁해서 살아남은 유일한 퓨어(Pure) 양자 기업이기에 투자한다.

다음 주인공은 바로 '당신'이다

론 바론도, 데이비드 가드너도 처음에는 모두가 "너무 비싸다",

"곧 망한다"고 비웃을 때 투자를 시작했다. 테슬라 공장이 멈췄을 때, 론 바론은 머스크를 믿고 기다렸다. 엔비디아가 반토막 날 때, 가드너는 '이기는 말'이라며 더 샀다.

이제 바통은 당신에게 넘어왔다. 10년 뒤, 누군가 경제독립에 성공한 비결을 물었을 때 당신의 이름이 이 책의 다음 개정판에 실리기를 진심으로 응원한다.

"모두가 두려워할 때 나는 테슬라와 엔비디아, 그리고 아이온큐를 샀습니다. 정확히 10년 전이었네요."

지금 탑승해도 늦지 않았다: 1.4T에서 8.5T로 가는 길

2025년 11월, 테슬라 주가는 $430를 돌파했다. 이미 많이 올랐다고 망설여지는가? 하지만 우리는 이제 겨우 출발선을 지났을 뿐이다. 일론 머스크와 주주들이 합의한 최종 목적지는 시가총액 8조 5천억 달러(8.5T)이다.

지금 1억 원을 투자한다면, 이 돈은 8.5T 고지에서 얼마가 되어 있을까? 단순한 희망 회로가 아닌, 철저한 숫자로 계산된 '경제독립 시뮬레이션'을 공개한다.

꿈을 현실로 만들고 있는 세계최초 조만장자, 일론 머스크!

당신의 경제독립을 앞당기는 힘!

당신의 자산 증식 로드맵_기준: 현재 주가 430달러 진입/투자금 1억 원/총 주식 수 32.3억 주

단계 (Tranche)	시가총액 목표 ($ T)	예상 주가 ($)	내 자산 가치 (1억 원 기준)	비고
현재	1.39T	$430	1억 0,000만 원	지금 탑승
1단계	1.6T	$495	1억 1,500만 원	예열 완료
2단계	2.2T	$681	1억 5,800만 원	본격 상승
3단계	2.8T	$866	2억 0,100만 원	AI/로봇 수익화
4단계	3.5T	$1,083	2억 5,100만 원	애플 시총 추월
…	…	…	…	…
8단계	6.0T	$1,857	4억 3,100만 원	에너지 사업 폭발
…	…	…	…	…
11단계	7.9T	$2,445	5억 6,800만 원	목표 임박
12단계	8.5T	$2,631	*6억 1,200만 원	최종 달성(6.1배)

참고: 주가는 주식 수 변동 없는 단순 비례 계산값이며, 시장 상황에 따라 실제 수익률은 달라질 수 있다.

늦었다고 생각할 때가 가장 빠르다

앞에 소개한 표를 보자. 주가가 $430까지 올라온 지금 시작해도, 1억 원은 6억 원이 넘는 거목으로 자라난다. 일론 머스크가 꿈꾸는 8.5T(8조 5천억 달러)의 세상은 아직 오지 않았다. 그가 잠을 줄여가며 공장을 돌리고 엔지니어들과 밤샘 토론을 하는 이유는, 바로 저 표의 맨 아래 칸, $2,631이라는 숫자를 현실로 만들기 위함이다. '지구상 가장 열심히 일하는 부자'가 당신의 자산을 6배 더 불려주겠다고 약속하고 뛰고 있다.

지금 주가가 비싸다고 생각하는가? 훗날 8.5T 고지에서 내려다보면, $430인 오늘은 더없이 저렴한 바겐세일 기간이었음을 깨닫게 될 것이다. 우리의 경제독립 운동은 멈추지 않는다. 목표는 8.5T, 그리고 우리의 경제적 광복이다.

8.5T의 기적, 8.15의 광복: '지구상 가장 열심히 일하는 부자'에게 내 꿈을 맡기다

3.1절의 함성으로 시작된 우리의 경제독립 운동. 그리고 이제 우리 앞에는 8.5T라는 거대한 고지가 놓여 있다. 묘하게도 이 숫자는 우리에게 빛을 가져다준 8.15 광복절을 떠올리게 한다. 단순한 우연일까? 아니면 8.5T를 달성하는 그날이, 우리 개미 투자자들에게 진정한 '경제적 광복'이 찾아오는 날임을 암시하는 필연일까?

우리가 이 거대한 꿈을 칠흑 같은 어둠 속에서도 믿고 나아갈 수 있는 이유는 단 하나이다. 우리 배의 선장이 '지구상에서 가장 돈이 많지만, 지구상에서 가장 치열하게 일하는 사나이'이기 때문이다.

①주 100시간의 사투, 쪽잠 자는 억만장자

최근 일론 머스크의 일과가 다시 한번 화제가 되었다. 하루 수면 시간 2~4시간. 주당 업무 시간 100시간 이상. 세계 1위의 부자가 공장 바닥에서 쪽잠을 자고, 새벽 3시에 엔지니어들과 회의를 한다. 보통의 CEO라면 골프장에서 여유를 즐기거나 호화 요트 위에 있을 시간에, 그는 기름 묻은 작업복을 입고 생산 라인을 지킨다.

사람들은 묻는다. "돈도 다 가졌으면서 왜 그렇게까지 합니까?" 그의 대답은 침묵, 그리고 결과이다. 그에게 테슬라는 단순한 돈벌이 수단이 아니라, 인류를 화성으로 보내고 지구의 에너지를 구원할 '미션' 그 자체이기 때문이다.

②'나는 오늘 일론 머스크를 고용했다'

3.1 경제독립군 여러분, 냉정하게 생각해 보자. 우리의 소중한 피, 땀, 눈물이 섞인 종잣돈(Seed Money). 이 소중한 씨앗을 누구에게 맡겨야 가장 안전하게, 그리고 가장 거대하게 키울 수 있을까?

직원들에게 일을 떠넘기고 뒷짐 지는 사장인가, 아니면 직원보다 더 먼저 출근하고 가장 늦게 퇴근하며, 회사의 운명을 짊어진 사장인가?

우리가 테슬라 주식을 산다는 것은, 단순히 차트의 숫자를 사는 것이 아니다. 내 자산을 불려주기 위해, 하루 2시간만 자며 미친 듯이 일하는 세계 최고의 천재를 나의 대리인으로 고용하는 것이다. 지구상 그 어떤 펀드 매니저가, 그 어떤 은행가가 이처럼 치열하게 고민하고 일하겠는가?

③엔비디아를 넘어, 시총 1위의 그날까지

일론 머스크의 8.5T 보상안은 그가 우리에게 건넨 약속이다. 현재 시총 1위를 다투는 엔비디아, 마이크로소프트, 애플을 넘어 테슬라가 명실상부한 지구상 No.1 기업이 되는 그날. 그날이 바로 우리의 8.15, 경제적 광복절이 될 것이다.

변동성의 파도가 치더라도 두려워하지 마라. 폭풍우가 몰아쳐도 선장은 자지 않고 키를 잡고 있다. 그가 포기하지 않는데, 승객인 우리가 먼저 뛰어내릴 이유는 없다.

우리의 소중한 경제독립 씨앗은, 그의 땀방울을 먹고 가장 빠르고 안전하게 거목으로 자라날 것이다. 8.5T를 향한 항해, 우리 모두 거기에서 만나자.

28장

역사는 미래의 거울이다: 8.5T가 겸손한 목표인 이유

'역사는 미래의 거울'이라는 말이 있다. 지금 일론 머스크가 제시한 테슬라의 시가총액 8조 5천억 달러(8.5T) 달성 목표가 허황된 꿈처럼 들리는가?

이 목표가 결코 망상이 아님을 증명하는 가장 확실한 방법은 지나온 지난 10년의 기록을 열어보는 것이다. 혁신의 파도에 올라탄 자산들이 실제로 어떤 기적을 만들어냈는지, 그 숫자를 마주하면 8.5T라는 목표는 오히려 소박해 보일지도 모른다. 이제 열어볼 데이터는 당신의 의심을 확신으로 바꿀 '지난 10년의 팩트'이다.

[팩트 체크] 지난 10년, 1억을 100억으로 만든 자산들 (2015~2025)

2015년 11월부터 2025년 11월까지, 약 10년이라는 시간 동안 세상을 바꾼 혁신 기업과 자산들은 6배(600%)가 아니라 100배, 200배의 상승을 기록했다.

[팩트 체크] 지난 10년, 1억을 100억으로 만든 자산들(2015~2025)

순위	자산명(티커)	10년 전 가격 (2015)	현재 가격 (2025.11)	상승률 (배수)	상승 키워드
1	엔비디아(NVDA)	$0.8 (수정 주가)	~$145	약 180배	AI 혁명(GPU)
2	비트코인(BTC)	~$350	~$100,000	약 285배	디지털 금
3	AMD(AMD)	~$2.0	~$160	약 80배	반도체 부활
4	테슬라(TSLA)	~$15 (수정 주가)	$443	약 30배	전기차 혁명
5	브로드컴(AVGO)	~$12	~$170	약 14배	통신/네트워크
6	일라이릴리(LLY)	~$80	~$900	약 11배	비만치료제
7	애플(AAPL)	~$25	~$230	약 9배	모바일 생태계
8	마이크로소프트 (MSFT)	~$50	~$420	약 8.4배	클라우드/AI
9	아마존(AMZN)	~$30	~$200	약 6.6배	이커머스
10	알파벳(GOOGL)	~$35	~$180	약 5.1배	검색/AI

기준: 미국 주요 우량주 및 메이저 암호화폐/2025.11 현재

이 표가 우리 경제독립군에게 주는 교훈은 명확하다.

첫째, "8.5T 달성(6배 성장)은 결코 불가능한 숫자가 아니다."

표를 보라. 지난 10년간 엔비디아는 180배, 비트코인은 285배가 올랐다. 심지어 테슬라 자신도 이미 30배가 올랐다. 지금 테슬라가 목표로 하는 8.5T 달성을 위해 필요한 수익률은 약 6배이다.

세상을 바꾸는 1등 기업의 역사에서 '10년에 6배 성장'은 기적이 아니다. 그것은 혁신 기업이 보여주는 지극히 평균적인 퍼포먼스에 가깝다. 180배도 올랐던 시장에서, 6배를 두려워할 이유가 무엇인가?

둘째, "이미 증명한 놈이 또 해낸다."

테슬라는 지난 10년 동안 자동차 산업의 패러다임을 송두리째 바꾸며 주가를 30배 폭등시킨 경험(Track Record)이 있다. 그런데 이제 그들은 전기차라는 무기에 '로봇(옵티머스)'과 '완전 자율주행(AI)'이라는 더 거대한 엔진을 달았다. 자동차만 팔아서 30배를 만들었는데, 전 세계 노동시장을 대체할 로봇까지 파는 앞으로의 10년이 지난 10년보다 못할 이유가 있을까?

셋째, "시가총액 1위의 주인은 반드시 바뀐다."

2015년 당시 시가총액의 제왕은 애플이었다. 하지만 지난 10년 상승률을 보라. 애플(9배)보다 엔비디아(180배), 테슬라(30배)가 훨씬 더 폭발적으로 성장했다.

진정한 부는 '현재의 1위'를 사는 것이 아니라, 'Next 1위'를 미리 알아보는 통찰에서 나온다. 일론 머스크의 8.5T 프로젝트는 테슬라가 애플과 엔비디아를 제치고 지구상 유일한 시총 1위 기업으로 등극하겠다는 선전포고이다. 시대의 흐름을 읽는 자만이 그 왕좌의 교체기에 가장 큰 과실을 챙길 수 있다.

사랑하는 독자 여러분, 스스로에게 물어보라.

지난 10년 동안 엔비디아가 180배 오를 때 나는 무엇을 했나? 비트코인이 280배 오를 때 나는 그것을 가짜라고 의심만 하고 있지 않았는가?

그때의 망설임이 지금의 뼈아픈 후회가 되었다면, 이제는 같은 실수를 반복하지 말아야 한다. 지금 일론 머스크가 우리에게 제시한 '6배 성장(8.5T)'은 과거 180배, 280배의 상승률에 비하면 오히려 너무나 겸손하고 현실적인 숫자이다.

역사는 반복된다. 다만 무대 위의 주인공만 바뀔 뿐이다. 이번 10년, 그 주인공은 로봇과 에너지로 무장한 테슬라가 될 것이다. 이미 일어난 기적을 보라. 그리고 다가올 기적을 믿으라. 그 믿음이 당신의 경제적 독립을 완성할 것이다.

29장

[종합 심층 분석]

2030 부의 지도:
M7을 넘어설 '4대 천왕'과 히든 챔피언

우리는 앞서 론 바론이 테슬라 공장을 보고 10년을 기다린 이야기, 데이비드 가드너가 엔비디아를 '이기는 말'이라며 끝까지 보유한 이야기를 들었다. 이제 그들이 주목했던, 그리고 앞으로 우리가 주목해야 할 '부의 원천'들을 낱낱이 파헤쳐 보자.

경제독립 포트폴리오의 심장: '핵심 4대 천왕'(The Core 4)

이 4개 기업은 단순한 우량주가 아니다. 4차 산업혁명(AI, 로봇, 데이터, 양자컴퓨터)의 각 분야를 독점하거나 선도하는, 당신의 자산을 10배(Ten-bagger)로 불려줄 잠재력을 가진 '게임 체인저'로, 앞서 자세히 설명한 테슬라, 엔비디아, 팔란티어, 아이온큐가 그 주인공들이다.

든든한 방패: 미국 주식의 황제들 'M7(Magnificent 7)'

경제독립 포트폴리오에서 4대 천왕이 공격수라면, M7의 나머지 기업들은 든든한 미드필더이자 수비수다. 이들은 막대한 현금흐름으로 AI 시대를 지탱한다.

- 애플(Apple): [온디바이스 AI의 강자] 전 세계에 깔린 수십억 대의 아이폰이 곧 개인화된 AI 비서가 된다. 강력한 자사주 매입과 배당은 덤이다.

- 마이크로소프트(Microsoft): [소프트웨어의 제왕] 오픈AI의 최대 주주이자, 윈도우와 오피스에 AI(코파일럿)를 심어 전 세계 업무 표준을 장악했다.

- 구글(Alphabet): [데이터의 신] 검색 시장의 절대 강자. 유튜브와 안드로이드라는 거대 플랫폼을 통해 AI 시대를 방어하고 확장한다.

- 아마존(Amazon): [클라우드 & 물류 1위] AI를 돌리는 클라우드(AWS) 시장 점유율 1위이자, 물류 혁신의 선두 주자다.

- 메타(Meta): [소셜 & 오픈소스 AI] 전 세계 인구 절반을 연결하는

페이스북/인스타그램 보유. 가장 강력한 오픈소스 AI 모델(라마)로 생태계를 교란하며 확장중이다.

한국인이 사랑하는 유망 기업 TOP 5(히든 챔피언)

4대 천왕과 M7 외에, 한국 투자자들이 특히 주목하고 있으며 앞으로 10년간 폭발적인 성장(또는 안정성)이 기대되는 알짜 기업 5곳을 엄선했다.

①TSMC(TSM): 엔비디아의 영원한 파트너

- 업종: 파운드리(반도체 위탁 생산) 세계 1위
- 발전 가능성: 엔비디아, 애플, AMD 등 내로라하는 기업들이 반도체를 만들려면 무조건 대만의 TSMC를 거쳐야 한다. AI 칩 수요가 폭발하면서 만들어 달라는 주문이 밀려 있다.
- 전망: AI 시대의 병목현상(공급 부족)을 쥐고 있는 '슈퍼 을(乙)'. 반도체 패권 전쟁의 최전선에 서 있는 대체 불가능한 기업이다.

②브로드컴(Broadcom, AVGO): 숨겨진 AI의 강자

- 업종: 통신 반도체 & 소프트웨어

- 발전 가능성: AI 데이터센터를 돌리려면 수만 개의 칩을 초고속으로 연결해야 하는데, 이 통신망 기술의 절대 강자가 브로드컴이다. 엔비디아 다음가는 AI 수혜주로 꼽힌다.
- 전망: 성장성도 높지만, 배당금도 잘 주는 배당 성장주의 매력까지 갖췄다. 안정과 성장을 동시에 추구하는 투자자에게 적합하다.

③일라이 릴리(Eli Lilly, LLY): 비만 치료제의 아이폰

- 업종: 제약/바이오(세계 시총 1위 제약사)
- 발전 가능성: 인류의 영원한 숙제인 '비만'을 정복했다. 마운자로(Mounjaro), 젭바운드 같은 비만 치료제는 없어서 못 팔 정도다. 비만은 단순 미용이 아니라 당뇨, 심혈관 질환과 연결되므로 시장 규모가 천문학적이다.
- 전망: 고령화 시대, 사람들은 더 건강하게 오래 살고 싶어 한다. 100세 시대의 필수 소비재가 될 것이다.

④마이크로스트래티지(MicroStrategy, MSTR): 비트코인 레버리지

- 업종: 소프트웨어 & 비트코인 투자
- 발전 가능성: 본업보다 '비트코인 투자'로 더 유명하다. 회사가

빚을 내서 비트코인을 사 모으는 공격적인 전략을 쓴다. 비트코인 현물 ETF보다 주가 변동성이 더 커서, 상승장에서는 2~3배의 수익을 낸다.

- 전망: 비트코인 10만 달러 시대를 확신하는 야수의 심장을 가진 투자자들에게 비트코인 선물과 같은 역할을 한다.

⑤리얼티 인컴(Realty Income, O): 월배당의 정석

- 업종: 리츠(부동산 임대업)
- 발전 가능성: 테슬라나 엔비디아처럼 주가가 폭등하지는 않는다. 하지만 편의점(세븐일레븐), 마트, 약국 등 불황에도 망하지 않는 우량 임차인들에게 월세를 받아 주주들에게 매달 배당(월배당)을 준다.
- 전망: 은퇴자나 현금 흐름이 필요한 투자자에게 '달러로 받는 월세' 시스템을 만들어준다. 성장주 투자의 리스크를 헤지(방어)하는 수단으로 한국인들이 가장 사랑하는 배당주다.

복잡하게 생각할 것 없다. 세상에서 제일 똑똑한 천재들과 동업하라.

- 공격수(성장): 테슬라, 엔비디아, 팔란티어, 아이온큐(자산 증식의 엔진)
- 수비수(안정): M7(애플, MS, 구글 등)+리얼티 인컴(자산 방어와 현금 흐름)
- 조커(변수): 비트코인, 이더리움, (화폐 가치 하락 방어)/머스크의 도지코인

이 기업들을 적절히 섞어서 당신만의 '경제독립 ETF'를 만들어라. 그리고 10년 동안 수면제를 먹고 자라. 눈을 떴을 때, 당신은 경제적 자유라는 새로운 세상에 와 있을 것이다.

30장

[심층 분석]

테슬라 주가는 비싼가, 싼가?: 초보자도 할 수 있는 주가 계산법

| 로보택시가 성공하면 지금 주가가 '헐값'이 되는 이유

많은 초보 투자자가 주식을 살 때 저지르는 가장 큰 실수는 '가격(Price)'만 보고 '가치(Value)'를 보지 않는 것이다.

'삼성전자는 5만 원이니까 싸고, 테슬라는 40만 원(300달러)이니까 비싸다.'

이는 마치 "피자 한 판 가격(2만 원)이 껌 한 통(500원)보다 비싸니 피자는 사지 말자"고 말하는 것과 같다. 피자는 껌보다 훨씬 크고 영양가가 높기 때문에 당연히 가격이 비쌀 수밖에 없다.

주식도 마찬가지다. 그 기업이 얼마나 돈을 잘 버는가를 놓고 가격이 싼지 비싼지를 따져봐야 한다. 이를 확인하는 마법의 공식 2가지를 소개한다.

주식 투자의 구구단: EPS와 PER

복잡한 회계 용어는 모두 잊어도 된다. 딱 이 두 가지만 기억하면 당신도 월가 애널리스트 흉내를 낼 수 있다.

①EPS(주당 순이익): '1주가 벌어들이는 돈'

- 공식: EPS=당기순이익(기업이 1년간 번 돈)/총 발행 주식 수
- 의미: 테슬라라는 공장이 1년 동안 열심히 일해서, 주식 1주당 얼마를 벌어왔는지를 나타내는 성적표다.
- 해석: EPS는 높을수록 좋다. EPS가 매년 늘어난다는 것은 회사가 돈을 점점 더 잘 벌고 있다는 뜻이다.

②PER(주가 수익 비율): '본전 뽑는 데 걸리는 시간'

- 공식: PER=현재 주가/EPS(1주가 번 돈)
- 의미: 현재 주가가 기업이 버는 돈의 몇 배인가를 나타낸다. 쉽게 말해, '지금 주가로 이 회사를 샀을 때, 투자 원금을 회수하는 데 몇 년이 걸리는가?'와 같다.

- 해석:

    - PER가 낮다(예: 10배): 돈을 잘 버는데 주가가 싸다. (저평가)

    - PER가 높다(예: 50배): 돈 버는 것에 비해 주가가 비싸다. (고평가)

[실전 사례] 테슬라 주가 분석: 거품인가, 기회인가?

사람들이 테슬라 투자를 망설이는 가장 큰 이유는 PER이 너무 높기(너무 비싸기) 때문이다. 실제로 현대차나 도요타 같은 일반 자동차 회사의 PER은 5~10배 수준이다. 그런데 테슬라는 보통 50배~100배를 오간다.

누군가는 이를 두고 미친 거품이라고 말한다. 하지만 테슬라 투자자들은 "싸다"고 말한다. 도대체 왜 이런 시각 차이가 생길까? 비밀은 '미래의 성장(EPS의 폭발)'에 있다.

[시나리오 1] 현재 상황(단순 자동차 회사로 볼 때)
쉬운 이해를 위해 단순화된 가상의 숫자로 계산해 보자.

- 현재 주가: 300달러

- 현재 EPS(전기차만 팔아서 번 돈): 3달러

- 현재 PER: 300/3=100배

'와, PER이 100배? 원금 회수하는 데 100년 걸린다고? 현대차는 5배인데? 테슬라는 너무 비싸네. 사지 말자.'

[시나리오 2] 미래 상황(로보택시가 성공했을 때)

일론 머스크의 계획대로 로보택시가 상용화되면 상황이 바뀐다. 차를 파는 마진보다, 소프트웨어를 파는 마진이 훨씬 높기 때문이다. 이익이 3배, 5배로 폭증한다.

- 가정: 3년 뒤 로보택시 대박으로 회사가 버는 돈(EPS)이 5배로 늘어난다면?
- 미래 EPS: 3달러→15달러(이익 폭증)

이때 주가가 여전히 300달러라면 어떤 일이 벌어질까?

- 미래 PER: 300/15=20배

'어? PER이 20배네? 애플이나 구글 같은 IT 기업 수준으로 뚝 떨어졌잖아? 로보택시 잠재력을 생각하면 지금 주가는 헐값이었구나!'

주가는 결국 '제자리(실적)'를 찾아간다

이것이 바로 성장주 투자의 핵심이다. 당장의 PER이 높아 보여도(고평가), 미래에 회사가 벌어들일 돈(EPS)이 급격하게 늘어날 것이

확실하다면, 그 주식은 비싼 게 아니다.

- 성공 시나리오: 로보택시가 성공해 EPS가 15달러가 되었다. 시장이 테슬라의 가치를 인정해 줘서 PER을 여전히 50배로 쳐준다면?
- 적정 주가: EPS(15달러)×PER(50배)=750달러
- 결과: 지금 300달러에 산 당신은 2.5배의 수익을 올리게 된다.

이 계산법을 이해했다면, 당신은 이제 주가 차트만 보고 '너무 올랐네'라며 겁먹지 않게 된다. 대신 '앞으로 이 회사의 이익(EPS)이 얼마나 늘어날까?'를 공부하게 될 것이다.

[용어 사전] 주린이가 꼭 알아야 할 필수 주식 용어 5선

초보자가 네이버 증권이나 야후 파이낸스를 볼 때 반드시 마주치는 용어들이다. 딱 5개만 알면 어디 가서 "주식 좀 안다"는 소리를 들을 수 있다.

①시가총액(Market Cap)

시가총액은 기업의 진짜 크기를 의미한다. 발행 주식 수에 주가를 곱해 구한다. '주가가 10만 원인 회사 A'와 '주가가 1만 원인 회사 B' 중 누가 더 큰 회사일까? 주가만 봐서는 알 수 없다. 크기를 알려면 주가가 아니라 시가총액을 봐야 안다. 테슬라가 현대차보다 주가는 몇 배 차이 안 나

도, 시가총액은 수십 배 큰 이유다.

②ROE(자기자본 이익률)

ROE는 '회사가 자기 돈을 가지고 얼마나 장사를 잘했나?'를 알 수 있는 투자 효율성 지표다. 워런 버핏이 가장 사랑하는 지표로, ROE가 15~20% 이상이면 경영진이 장사를 아주 잘하고 있다는 뜻이다. 테슬라는 제조업체임에도 불구하고 매우 높은 ROE를 보여준다.

③PBR(주가 순자산 비율)

PBR은 '회사가 망해서 공장 다 팔면 본전 찾나?'의 뜻을 가진 지표로, PBR이 1배 미만이면, 회사 문 닫고 자산 다 팔아 주주들에게 돈을 다 돌려주고 남는다는 뜻(저평가)이다. 하지만 테슬라 같은 기술주는 공장보다 기술력(무형자산)이 중요하므로 PBR이 높게 나오는 게 정상이다.

④PEG(주가 이익 성장 비율)

PEG는 PER을 성장률로 나눈 값으로, 테슬라 투자자가 꼭 봐야 할 지표다. PER이 아무리 높아도(비싸도), 성장률(Growth)이 엄청나게 높으면 PEG 지수는 낮게 나온다. 만약 PEG가 1 미만이면 '성장 속도에 비해 주가가 싸다. 매수 찬스!'의 신호로 해석 가능하다. 피터 린치 같은 전설적인 투자자들이 성장주를 고를 때 1순위로 보는 지표다.

⑤어닝 서프라이즈/어닝 쇼크(Earnings Surprise/Shock)

실적 발표날, 전문가들의 예상보다 돈을 훨씬 잘 벌었으면 '어닝 서프라이즈(주가 급등)', 못 벌었으면 '어닝 쇼크(주가 급락)'다. 테슬라 같은 성장주는 실적 발표일(매 분기)에 주가가 요동친다. 이때가 매수/매도 타이밍이 되기도 한다.

[도구 추천] "어디서 정보를 얻나요?" 무료 기업분석 사이트 BEST 3

주식 투자는 정보 싸움이다. 하지만 비싼 유료 서비스를 쓸 필요는 없다. 전 세계 투자자들이 애용하는 무료 사이트 3곳만 알면 당신이 있는 곳이 바로 월스트리트가 된다.

①야후 파이낸스(Yahoo Finance): "주식 데이터의 바이블"

- 주소: finance.yahoo.com
- 특징: 전 세계에서 가장 많은 사람이 쓰는 사이트다. 가장 기본적이고 방대한 데이터가 있다.
- 장점:
  - 실시간 시세: 미국 주식 시세를 무료로 실시간 확인할 수 있다.
  - 과거 데이터: 테슬라의 10년 전 주가부터 재무제표까지 모든 역사가 저장되어 있다.
  - 활용 팁: 검색창에 티커(TSLA)를 치고 [Financials] 탭을 누르면 매출과 이익이 매년 어떻게 늘어나는지 그래프로 보여준다. 영어지만 구글 번역기를 돌리면 보는 데 문제없다.

② 핀비즈(Finviz): "시장의 흐름을 한눈에 보는 지도"

- 주소: finviz.com
- 특징: 복잡한 숫자가 싫은 사람을 위한 '시각화' 끝판왕이다.
- 장점:
  - 맵(Map) 기능: 미국 주식 전체를 네모난 박스로 보여준다. 초록색이면 상승, 빨간색이면 하락이다. '오늘 기술주는 좋은데 에너지주는 나쁘구나'를 1초 만에 파악할 수 있다.
  - 스크리닝: 'PER 20 이하이고, 순이익이 성장하는 회사' 같은 조건을 넣으면 알아서 종목을 찾아준다.
- 활용 팁: 아침에 일어나서 [Maps] 탭을 딱 한 번만 봐라. 밤사이 미국 시장 분위기를 1분 만에 브리핑 받을 수 있다.

③ 시킹 알파(Seeking Alpha): "고수들의 토론장"

- 주소: seekingalpha.com
- 특징: 단순한 뉴스가 아니라, 전 세계 투자 고수들의 '깊이 있는 분석 칼럼'이 올라온다.
- 장점:
  - 찬반 토론: 테슬라에 대해 '사야 한다(Strong Buy)'는 사람과 '팔아야 한다(Sell)'는 사람의 논리가 치열하게 맞붙는다. 균형 잡힌 시각을 기를 수 있다.
  - 뉴스 속보: 테슬라 관련 중요한 뉴스나 일론 머스크의 트윗 분석이 가장 빨리 올라오는 곳 중 하나다.

- 활용 팁: 유료 구독이 비싸지만, 무료로 풀리는 기사나 제목만 봐도 시장의 분위기(Bull or Bear)를 읽는 데 큰 도움이 된다.

[마지막 팁]

계산기를 두드리는 순간, 당신은 이미 상위 1%다. 대부분의 사람은 "누가 좋다더라" 하는 소문만 듣고 주식을 산다. 하지만 PER과 EPS 공식을 대입해 보고, 야후 파이낸스에서 매출이 늘어나는지 한 번이라도 확인하고 사는 사람은 전체의 1%도 되지 않는다. 어렵지 않다. 초등학교 산수 수준이다. 이 작은 수고가 당신의 소중한 종잣돈을 지키고, 10배 수익을 안겨줄 기업을 찾아내는 나침반이 될 것이다.

31장

스마트폰 하나로 끝내는
'손 안의 월스트리트'

| 네이버 증권 200% 활용법과 공모주 '따따블' 잡는 법

많은 사람들이 "주식 분석은 전문가나 하는 것"이라며 지레 겁을 먹는다. 하지만 천만의 말씀이다. 대한민국 국민이라면 누구나 가지고 있는 스마트폰과 네이버 증권 앱 하나면, 여의도 펀드매니저 부럽지 않은 정보를 얻을 수 있다. 복잡한 HTS(PC용 프로그램)는 잊어라. 출퇴근길 지하철에서 딱 10분, 스마트폰으로 돈의 흐름을 읽는 법을 공개한다.

국민 주식 앱 '네이버 증권' 200% 활용하기

대한민국 투자자의 90%는 네이버를 본다. 즉, 네이버에 있는 정보가 곧 시장의 기준이다. 스마트폰에서 네이버 앱을 켜고 [증권] 탭으로 들어가 보자.

① 종목 분석: "이 3가지만 확인하고 사도 안 망한다"

관심 있는 기업(예: 현대차)을 검색했을 때, 빨간색/파란색 차트만 보지 말고 스크롤을 조금만 내려 [종합 정보]의 숫자를 확인하라.

- 시가총액(덩치): '이 회사는 얼마짜리인가?' 삼성전자는 수백조 원, 중소기업은 천억 원대다. 시총이 너무 작은(1,000억 미만) 기업은 세력에 의해 주가가 조작될 위험이 크니 초보자는 피하는 게 상책이다.

- 외국인/기관 소진율(수급): 최근 외국인과 기관이 사고 있는지(빨간색), 팔고 있는지(파란색)를 본다. 주가를 움직이는 큰손(세력)이 들어오고 있다면 긍정적인 신호다.

- PER/PBR(가성비): 앞서 배운 PER이 업종 평균보다 낮은지 확인하라(예: 자동차 업종 평균 PER이 8배인데, 현대차가 5배라면 '저평가'된 상태다).

②뉴스 필터링: "소음(Noise)을 끄고 신호(Signal)를 찾아라"

[뉴스·공시] 탭에는 하루에도 수천 개의 기사가 쏟아진다. 그렇다고 다 읽을 필요는 없다. 진짜 돈이 되는 뉴스는 따로 있다.

- [공시] 탭을 먼저 눌러라: 기자가 쓴 '카더라' 기사가 아니라, 기업이 법적으로 책임지고 발표한 팩트다.
  - 단일판매·공급계약체결: "우리 회사 물건 대박 나서 계약 따냈어요!"(호재)
  - 무상증자: "주주들에게 공짜로 주식 더 나눠줄게요!"(강력한 호재)
  - 유상증자(주주배정): "돈 없으니 주주들이 돈 좀 보태주세요."(악재일 가능성 높음)
- 제목 키워드 검색: 뉴스 검색창에 '수주', '흑자 전환', '세계 최초', '인수' 같은 키워드를 넣어라. 주가를 폭등시키는 재료들이다.

③토론방의 함정: "심리만 읽고 빠져라"

네이버 종목 토론방은 '개미들의 무덤'이자 '감정의 쓰레기통'이다. 이곳의 정보는 99%가 뇌피셜이거나 선동이다. 활용법은 딱 하나, '공포 지수'를 확인하는 용도로만 써라. "망했다", "한강 가즈아" 같은 글이 도배될 때가 오히려 바닥(매수 기회)일 때가 많다. 절대 그들의 말을 믿고 투자하지 마라.

'공모주(IPO)' 투자: 미리 알고 선점하는 법

"남들은 공모주로 하루에 치킨값, 아니 휴가비를 벌었다는데 나만 몰랐네?"

공모주(IPO)는 비상장 기업이 주식 시장에 처음 상장할 때, 주주들을 공개 모집하는 것을 말한다. 상장 당일 주가가 공모가의 최대 4배(따따블)까지 오를 수 있어 '소액으로 할 수 있는 가장 안전한 대박 투자처'로 불린다.

①정보 수집: "어떤 회사가 상장하는지 어떻게 알아요?"

무턱대고 뉴스만 기다리지 말고, 이 사이트/앱을 즐겨찾기 해두라.

- 38커뮤니케이션(38.co.kr): 대한민국 공모주 정보의 원조. 상장 일정, 공모가, 주관사(어떤 증권사에서 청약하는지) 정보가 가장 빠르다.
- 공모주 알리미(앱): 스마트폰에 깔아두면 '내일 ○○기업 청약일이다'라고 알람을 보내준다. 바쁜 직장인에게 필수다.

②옥석 가리기: "무조건 청약하면 되나요?"(절대 금물!)

아무거나 청약했다가는 상장 첫날 주가가 폭락해 손해를 볼 수 있다. 딱 두 가지 지표만 확인하면 실패 확률을 0%에 수렴하게 만들

수 있다.

- 기관 경쟁률(가장 중요): 물건을 살 때 줄 선 사람이 많은지 보는 것이다.
  - 경쟁률 1,000:1 이상→'무조건 청약'(대박 가능성 높음)
  - 경쟁률 500:1 미만→'패스'(인기 없음, 상장 후 하락 위험)
- 의무보유 확약 비율: 기관들이 '주식 받고 나서 일정 기간(15일~6개월) 절대 안 팔겠다'고 약속한 비율이다.
  - 비율 10% 이상이면 양호, 30% 이상이면 대박(팔 물건이 없으니 주가가 오른다).

③실전 청약 전략: "가족 계좌를 총동원하라"

공모주는 인기가 많아서, 1억 원을 넣어도 겨우 1~2주를 받는 경우(비례 배정)가 많다. 그래서 소액 투자자에게는 '균등 배정'이 기회다.

- 균등 배정의 마법: 증거금을 많이 낸 순서가 아니라, '청약한 사람 수'대로 똑같이 나눠주는 제도다. 최소 증거금(보통 10주, 약 30~50만 원 내외)만 넣으면 누구나 1주씩 추첨으로 받을 수 있다.
- 필살기(가족 계좌): 나 혼자 청약하면 1주만 받지만, 아내와 자녀 계좌까지 4인 가족이 모두 청약하면 4주를 받는다. 상장 당일 주가가 2배만 올라도 4배의 수익을 챙길 수 있다(이것이 자녀 계좌

를 미리 터놔야 하는 또 다른 이유다!).

④매도 타이밍: "욕심부리지 말고 시초가에 던져라"

상장일 오전 9시 00분~9시 30분이 가장 뜨겁다. 전문 트레이더가 아니라면, 장 시작과 동시에 시장가로 매도해서 수익을 확정 짓는 것이 정신 건강에 좋다. 공모주는 투자가 아니라 맛있는 점심값을 버는 '보너스 게임'이라고 생각하라.

[신동일 소장의 한 줄 요약]

- 기업 분석: 스마트폰으로 시총, 외국인 수급, PER 3가지만 확인해도 '묻지마 투자'는 피할 수 있다.
- 공모주: '기관 경쟁률 1,000 대 1' 넘는 것만 골라서, '가족 계좌'로 균등 배정을 노려라. 이것이 가장 확실한 짠테크다.

"어려울 것 같아서 못 하겠어요."

이 핑계는 이제 더 이상 통하지 않는다. 은행 갈 필요도 없다. 침대에 누워서 5분이면 된다. 신분증(주민등록증/운전면허증)과 스마트폰만 준비하라.

테슬라 주주 되기(해외주식 계좌)

국내 주식과 다를 게 하나도 없다. 요즘 증권사 앱은 직구 쇼핑몰보다 쉽다(예시: 토스증권, 키움증권, KB증권 등 대동소이함).

STEP 1. 앱 설치 및 계좌 개설

- 플레이스토어/앱스토어에서 증권사 앱을 다운로드한다.
- [비대면 계좌 개설]을 누르고 신분증을 촬영하면 끝이다(은행 계좌 연결 필요).

STEP 2. 환전(원화→달러)

- 메뉴에서 [환전]을 찾아 눌러라.
- 투자할 금액(예: 100만 원)을 입력하고 달러로 바꾼다(요즘은 환전 없이 원화로 바로 주문되는 '통합증거금' 서비스도 많으니 체크하라).

STEP 3. 매수(Shopping)

- 돋보기(검색) 창에 '테슬라' 또는 'TSLA'를 입력하라.
- [시장가]를 선택하고 수량을 입력한 뒤 [매수 주문] 버튼을 눌러라.

32장

원화만 쥐고 있으면
당신은 결국 가난해진다

| 환율은 경제의 혈액이다. 환율 1,400원 시대의 생존 전략

"당신의 자산은 안전한가?": 우리가 달러를 봐야 하는 진짜 이유

냄비 속의 개구리와 원화의 착각

경제독립을 외치는 수많은 사람들을 만나보았지만, 정작 가장 중요한 '돈의 그릇'에 대해서는 무지한 경우가 태반이다. 그들은 열심히 일해서 월급을 받고, 아껴 써서 통장에 '원화(KRW)' 숫자를 늘리는 데만 집중한다. 하지만 나는 감히 단언한다. 당신이 한국 돈, 즉 원화만 쥐고 있다면 당신은 구멍 난 독에 물을 붓고 있는 것이다.

왜일까? 대한민국은 수출로 먹고사는 나라이며, 에너지와 식량의 대부분을 수입에 의존한다. 우리가 매일 마시는 커피 원두, 자동차에 넣는 휘발유, 아이들이 먹는 빵의 밀가루까지, 모든 것은 '달러(USD)'로 거래된다.

환율이 오른다는 것(원화 가치 하락)은 단순히 해외여행 갈 때 환전비용이 비싸지는 차원의 문제가 아니다. 내가 가진 돈의 '구매력(Purchasing Power)'이 전 세계적으로 쪼그라든다는 뜻이다.

[시뮬레이션: 당신의 1억 원, 10년 뒤의 운명]

여기 1억 원을 가진 두 사람이 있다.

- A씨(원화 신봉자): "나는 한국 사람이니까 한국 돈이 최고야"라며 1억 원을 국내 은행 예금(연 3%)에 넣어두었다.
- B씨(환율 통찰자): "원화는 불안해. 기축통화인 달러 자산을 가져야지."라며 1억 원을 환전해 미국 S&P500 지수(연평균 10% 가정)에 투자했다.

10년 뒤, 어떤 일이 벌어질까? A씨의 돈은 이자가 붙어 숫자는 늘어났을지 몰라도, 한국의 물가 상승과 원화 가치 하락을 반영한 '실질 구매력'은 오히려 10년 전보다 뒷걸음질 쳤을 가능성이 크다. 짜장면 값이 5천 원에서 1만 원이 되었다면, 그의 돈 가치는 반토막 난 셈이다. 반면 B씨는 달러라는 강한 통화의 가치 상승과 미국 기업의 성장이라는 두 마리 토끼를 다 잡았다. 원화로 환산했을 때 그의 자산은 A씨와 비교할 수 없을 만큼 거대해져 있을 것이다. 이것이 바로 '통화 선택'이 부의 크기를 결정하는 결정적 이유다.

10년 주기의 경고: 위기 때마다 벼락부자는 '달러'에서 나왔다

우리는 역사를 통해 배워야 한다. 지난 30년간 대한민국 경제를 뒤흔든 결정적인 위기 순간마다, 승자와 패자를 가른 것은 부동산도 주식도 아닌 '환율'이었다.

- 1997년 IMF 외환위기: 환율이 800원에서 2,000원까지 치솟았다. 원화만 믿고 있던 대기업들이 줄도산하고, 강남 아파트가 헐값에 쏟아져 나왔다. 이때 달러를 쥐고 있던 사람들은 어떻게 되었는가? 가만히 앉아서 자산 가치가 2.5배 폭등했다. 그들은 폭등한 달러를 원화로 바꿔, 헐값이 된 대한민국의 알짜 자산들을 줍다시피 쓸어 담았다. 지금의 재벌과 슈퍼리치 중 상당수가 이때 탄생했다.

- 2008년 글로벌 금융위기: 역사는 반복되었다. 환율은 다시 900

원에서 1,600원까지 급등했다. 이때도 학습 효과가 있던 사람들
은 달러 자산을 통해 위기를 기회로 바꿨다.

[원/달러 환율 30년 추이와 경제 위기]

- X축: 1990년~2025년(시간)

- Y축: 원/달러 환율

- 핵심 포인트: 1997년(2,000원 돌파), 2008년(1,600원 돌파), 2022년
  (1,440원 돌파), 2025년(1,400원 안착)

- 메시지: 평화로울 때는 1,100~1,200원을 유지하지만, 위기가 오
  면 원화는 휴지 조각이 되고 달러는 금이 된다.

달러 스마일(Dollar Smile) 이론: 왜 달러는 무적일까?

경제학에는 '달러 스마일'이라는 유명한 이론이 있다. 달러의 가
치가 움직이는 모양이 마치 웃는 입모양(Smile)과 같다고 해서 붙여
진 이름이다. 이 이론은 왜 우리가 포트폴리오에 반드시 달러를 담
아야 하는지를 완벽하게 설명해 준다.

- 입꼬리 왼쪽(위기 시): 전 세계 경제가 망가지고 전쟁이 나거나 금
  융 위기가 오면, 투자자들은 모든 자산을 팔고 가장 안전한 도

피처인 달러로 달려간다. 그래서 달러가 오른다(안전 자산 선호).

- 입꼬리 오른쪽(호황 시): 미국 경제가 나 홀로 너무 잘 나가면, 전 세계 돈이 투자를 위해 미국으로 몰린다. 그래서 또 달러가 오른다(미국 예외주의).

- 가운데 입술(평소): 미국 경제가 적당히 성장하거나 조금 약할 때만 달러가 약세를 보인다.

즉, 달러에 투자한다는 것은 '경제가 망해도 이기고, 미국이 잘 나가도 이기는', 승률 66% 이상의 게임을 하는 것이다. 반면 원화는 한국 경제가 조금만 휘청거려도 외국인들이 돈을 빼나가며 가치가 급락한다. 당신은 어떤 돈에 당신의 노후를 맡기겠는가?

33장

강달러의 습격:
환율 1,400원 시대, 위기인가 기회인가?

뉴 노멀(New Normal): 이제 1,200원은 잊어라

"소장님, 지금 환율이 1,400원인데 너무 비싼 거 아닌가요? 1,200원 대로 떨어지면 그때 투자할게요." 최근 강연장에서 가장 많이 듣는 질문이다. 나의 대답은 한결같다. "죄송하지만, 그날은 오지 않을 수도 있습니다. 아니, 오더라도 당신은 잡지 못할 것입니다."

과거 우리는 1,100원~1,200원을 적정 환율로 배웠다. 하지만 시대가 변했다. 중국의 성장 둔화로 인한 대중 수출 감소, 한국의 고령화와 잠재성장률 하락, 그리고 미국의 압도적인 금리 정책은 환율의 바닥을 높여 놓았다. 이제 1,300원~1,400원이 새로운 표준, 즉 뉴 노멀이 되었다. 과거의 기준에 얽매여 투자를 미루는 것은, 서울 아파트값이 5억 원 하던 시절만 그리워하며 집을 사지 못하는 이치와 똑같다.

기다림의 대가: 환차익을 탐하다 기회비용에 운다

환율이 떨어지기를 기다리는 것이 얼마나 위험한 도박인지, 구체적인 숫자로 증명해 보이겠다. 투자는 감이 아니라 수학이다.

[시뮬레이션: 환율 타이밍 재다가 망하는 케이스]

- 상황: 현재 환율 1,400원 / 테슬라 주가 $300. 당신은 1,000만 원을 투자하려 한다.
- [선택 A] '기다리자': 환율이 1,200원이 될 때까지 1년 동안 현금을 들고 기다렸다.
    - 1년 뒤 결과: 정말 운 좋게 환율이 1,200원으로 떨어졌다 (-14%). 와, 싸게 살 수 있다!
    - 하지만: 그사이 테슬라가 가만히 있었을까? 혁신 기업 테슬라의 주가는 $450로 50% 상승했다.

- 최종 성적표: 환율에서 14% 이득을 보려다, 주가 상승분 50%를 통째로 놓쳤다. 결국 당신이 살 수 있는 테슬라 주식 수는 1년 전보다 훨씬 줄어들었다. 이것이 바로 '소탐대실(小貪大失)'이다.

- [선택 B] '즉시 매수': 환율 따지지 않고 1,400원에 그냥 샀다.

  - 1년 뒤 결과: 환율이 1,200원으로 떨어져서 원화 환산 가치로 -14% 손해를 봤다(환차손).

  - 하지만: 테슬라 주가가 50% 올랐다.

  - 최종 성적표: 주가 수익(+50%)-환차손(-14%)=+36% 수익.

[신동일 소장의 통찰] 성장하는 미국 기업(테슬라, 엔비디아)의 주가 상승 속도는 환율의 변동 폭을 항상 압도한다. 환율은 투자의 작은 변수일 뿐, 본질은 '기업의 성장'이다. 환율 맞추기는 신의 영역이다. 신의 영역을 넘보지 말고, 인간이 할 수 있는 우량주 장기 보유에 집중하라.

마법의 헤지(Hedge) 효과: 내 자산을 지키는 에어백

미국 주식(달러 자산)을 보유하는 것의 진짜 가치는 수익률보다 '방어력'에 있다. 대한민국 경제에 위기가 닥쳤다고 상상해 보자. 반도체 수출이 막히고 금융 시장이 공포에 휩싸인다. 이때 어떤 일이 일어날까?

국내 주식 투자자라면 코스피 지수가 -30% 폭락한다. 엎친 데 덮친 격으로 환율이 폭등하여 원화 가치도 -20% 하락한다. 자산이 녹아내리는 이중 타격(Double Dip)을 맞는다.

반면 미국 주식 투자자는? 미국 주식도 시장 분위기에 따라 -10% 정도 빠질 수 있다. 하지만 이때 놀라운 일이 벌어진다. 한국 위기로 인해 환율이 1,400원에서 1,600원으로 폭등(+15%)해 주는 것이다. 결과적으로 주가 하락분(-10%)을 환율 상승분(+15%)이 상쇄해 버린다. 원화 기준으로 내 계좌를 열어보면 오히려 +5% 수익이 찍혀 있을 수도 있다.

이것이 바로 '자연스러운 환 헤지' 시스템이다. 달러 자산은 한국 경제가 흔들릴 때 내 자산이 추락하지 않도록 받쳐주는 든든한 에어백 역할을 한다. 당신의 포트폴리오에 달러가 없다면, 당신은 지금 안전벨트 없이 고속도로를 질주하고 있는 셈이다.

34장

[실전]

환테크 기술:
스마트하게 환전하고 미국 주식 사는 법

이제 이론은 충분하다. 당장 스마트폰을 꺼내 실전 환테크를 시작해 보자. 은행 창구에 가서 번호표 뽑고 기다리는 시대는 끝났다. 37년 금융인인 나도 이제 창구에 가지 않는다.

환전 수수료, 호갱 탈출(우대율 95%의 비밀)

환전할 때 가장 아까운 것이 수수료(스프레드)다. 하지만 요즘은 정보만 알면 수수료를 '0원'에 가깝게 만들 수 있다.

- 토스뱅크/하나 트래블로그: 이들은 환전 혁명을 일으켰다. 달러

를 살 때 수수료가 무료(100% 우대)다. 만약 당신이 매월 50만 원씩 적립식 투자를 한다면, 이 수수료 절약분만 모아도 1년이면 테슬라 소수점 주식을 꽤 살 수 있다. 소액 투자자라면 무조건 이 앱들을 활용하라.

- 증권사 다이렉트 우대: 키움증권, 삼성증권, 나무(NH) 등 주요 증권사는 비대면 계좌 개설 고객에게 '환율 우대 95%' 이벤트를 상시 진행한다. 중요한 건 가만히 있으면 안 해준다는 것이다. 반드시 앱 내 이벤트 페이지에서 [신청하기] 버튼을 눌러야 적용된다. 1억 원을 환전한다면 수수료 차이만 수십만 원이다. 클릭 한 번에 몇 십만 원을 버는 셈이다.

밤잠 설치지 마라: '원화 주문 서비스'(통합 증거금)

미국 주식 시장은 한국 시간으로 밤 11시 30분(썸머타임 기준 10시 30분)에 열린다. "낮에 환전해 놓는 걸 깜빡했어요!"라며 당황할 필요 없다. 대부분의 증권사는 [원화 주문] 또는 [통합 증거금] 서비스를 제공한다.

- 기능: 계좌에 원화(KRW)만 넣어두고 미국 주식을 주문하면, 다음 날 아침에 알아서 환전되어 결제된다.

- 장점: 야간의 불리한 가환율이 아니라, 다음 날 오전의 고시 환율(우대 적용)로 정산되므로 손해가 없다. 환전 타이밍 고민할 시간에 기업 공부를 더 해라. 시스템이 당신을 돕는다.

고수들의 팁: 놀고 있는 달러를 깨워라. '달러 RP'

미국 주식을 팔고 나서, 혹은 배당금을 받아서 계좌에 달러 예수금이 남아있을 때가 있다. 많은 사람이 이 돈을 그냥 '0%' 금리로 방치한다. 이것은 돈에 대한 예의가 아니다.

- 달러 RP(환매조건부채권) 매수: 증권사 앱 메뉴에서 '외화 RP 매수'를 찾아라. 클릭 몇 번이면 내 달러를 초단기 채권에 투자할 수 있다.
- 수익: 하루만 맡겨도 연 4~5% 수준(미국 기준금리에 따라 변동)의 이자를 준다.
- 유동성: 수시형 RP를 사면 언제든 매도해서 다시 주식을 살 수 있다. 잠자는 시간에도 내 달러가 새끼를 치게 만들어라. 이것이 진짜 자본가의 디테일이다.

Part 1

Part 4

디지털 금을
선점하라

35장

부의 흐름을 쥐고 있는
암호화폐 혁명가들

| 투자는 결국 '사람'에게 베팅하는 것이다

주식 시장에 스티브 잡스와 일론 머스크가 있었다면, 암호화폐 시장에는 기존 금융의 성벽을 무너뜨리고 새로운 '디지털 영토'를 개척한 정복자들이 있다. 우리가 차트의 등락에 일희일비할 때, 10년 뒤의 미래를 설계하고 있는 이 거인들의 발자국을 주목하라.

이들은 우리 경제독립군이 나아가야 할 방향을 가리키는 살아있는 '나침반'이다. 특히 "비트코인은 사기"라고 비난하던 월가의 황제들이 왜 지금은 앞다퉈 비트코인을 사들이고 있는지, 그들의 극적인 태세 전환을 보라. 그것은 당신이 지금 당장, 단돈 10만 원이라도 투자를 시작해야 할 가장 강력한 신호이다.

전설이 된 선구자들: "디지털 금광을 발견하다"

이 네 사람은 암호화폐라는 새로운 대륙을 발견하고, 그 땅에 첫 번째 깃발을 꽂은 개척자들이다. 나침반의 바늘이 가리키는 '북극성'과도 같은 존재들이다.

①사토시 나카모토(Satoshi Nakamoto): 베일에 싸인 창조주

사토시 나카모토는 2008년 금융위기의 한복판에서 단 9쪽짜리 '비트코인 백서'로 세상을 바꿨다. 그는 중앙은행이 돈을 마음대로 찍어내어 개인의 자산을 갉아먹는 시스템에 분노했다. 그래서 정부의 간섭 없이 개인과 개인이 직접 거래할 수 있는 '탈중앙화 화폐'를 만들었다. 현재 그는 홀연히 사라졌지만, 그가 만든 시스템은 단 한 번의 해킹도 없이 15년 넘게 돌아가고 있다. 헝가리 부다페스트에 세워진 그의 동상은 얼굴이 거울로 되어 있다. '우리 모두가 사토시^(주인)다'라는 뜻이다.

②도널드 트럼프(Donald Trump): 최초의 크립토 대통령

트럼프 대통령은 비트코인을 '국가 전략 자산'으로 격상시켰다. 과거 "비트코인은 사기"라고 했던 그가 180도 변했다. "미국 정부가 가진 비트코인을 절대 팔지 않겠다"고 선언하며, 미국을 '지구의 암호화폐 수도'로 만들겠다고 공언했다. 그 의미는 매우 중대하다. 세계 최강대국의 대통령이 보증을 섰기 때문이다. 이것은 비트코인이 더 이상 '음지'의 투기 수단이 아니라, '양지'의 제도권 자산이 되었음을 알리는 역사적 사건이다.

③마이클 세일러(Michael Saylor): 빚을 내서 비트코인을 사는 남자

마이클 세일러는 기업(MicroStrategy)의 운명을 걸고 비트코인을 64만 개 이상 사 모았다. 그는 멀쩡한 소프트웨어 회사를 운영하던 CEO였다. 하지만 현금(달러)을 가지고 있으면 인플레이션으로 회사가 서서히 죽어간다는 사실을 깨닫고 결단했다. "회사의 모든 현금을 비트코인으로 바꿔라!" 심지어 빚을 내서 더 샀다. 미친 짓이라는 비난을 받았지만, 그의 회사 주가는 5년 만에 16배 폭등했다. 그는 비트코인이 '디지털 금'임을 증명한 선구자이다.

④자오창펑(CZ): 코인 거래의 표준을 만든 제왕

자오창펑은 세계 최대 거래소 바이낸스(Binance)를 창업했다. 그는 집을 팔아 비트코인을 샀던 초기 투자자였다. 압도적인 기술력으로 전 세계 코인 거래의 50% 이상을 장악했다. 각종 규제와 공격에도 바이낸스가 무너지지 않는 건, 그가 만든 생태계(BNB)가 너무나 강력하기 때문이다.

월가 황제들의 항복 선언: "욕하면서 산다"

여기, 비트코인을 혐오했던 두 명의 금융 황제가 있다. 하지만 그들은 결국 비트코인 앞에 무릎을 꿇었다. 왜일까? '돈 냄새'를 맡았기 때문이다. 이들의 변화가 바로 우리가 지금 당장 행동해야 할 이유이다.

⑤래리 핑크(Larry Fink): 비트코인 혐오자에서 '최대 큰손'으로

래리 핑크는 블랙록(BlackRock) 회장(운용 자산 1경 원, 세계 1위)으로, 과거 그는 "비트코인은 돈세탁 인덱스다. 범죄자들이나 쓰는 것이다."(2017년)라며 비트코인을 힐난했다.

하지만 현재의 그는 완전 딴 사람이다. 그는 고객들이 끊임없이 "비트코인에 투자하고 싶다"고 요구하는 것을 목격하며 드라마틱한 변심을 결심했다. 결국 그는 고집을 꺾고 이렇게 선언했다. "비트코인은 디지털 금(Digital Gold)이다. 국경을 초월한 국제적인 자산이다." 그리고 세계 최대 비트코인 현물 ETF(IBIT) 출시를 진두지휘했다.

이것이 시사하는 바는 크다. 세계에서 돈을 제일 잘 굴리는 사람이 샀다. 블랙록이 움직이면 전 세계 연기금과 기관들이 따라 움직인다. 이것이 지금 비트코인 가격이 오르는 가장 확실한 이유다.

⑥제이미 다이먼(Jamie Dimon): 끝까지 버티다 꼬리를 내린 황제

제이미 다이먼은 'JP모건(JP Morgan)'의 회장(미국 1등 은행)으로 과거 그는 "비트코인은 애완용 돌멩이(Pet rock)다. 내 직원 중 비트코인을 거래하는 놈은 해고하겠다"고 말했다. 하지만 지금 JP모건은 고객들에게 비트코인 펀드를 판매하고 있으며, 블록체인 기술(Onyx)을 은행 시스템에 도입하고 있다.

그는 여전히 개인적으로는 비트코인을 싫어한다고 말한다. 하지만 비즈니스맨으로서 그는 시장을 이길 수 없었다. 고객이 원하고, 돈이 되는데 은행장이 무슨 힘이 있겠는가? 가장 보수적인 은행장조차 어쩔 수 없이 따라가야 하는 흐름. 이것이 바로 '대세(Megatrend)'이다.

생태계를 확장하는 천재 혁신가들

이들은 단순히 코인을 만든 게 아니다. 스마트폰 위에서 금융, 게임, 예술이 돌아가도록 '새로운 인터넷'을 만든 천재들이다.

⑦비탈릭 부테린(Vitalik Buterin): 이더리움의 어린 왕자

비탈릭 부테린은 너무 똑똑한 나머지 '외계인'이라 불린다. 그는 19세에 비트코인의 한계(단순 결제)를 뛰어넘는 '이더리움'을 만들었다. 그는 블록체인에 스마트 계약(Smart Contract)을 심었다. 덕분에 은행 없이 대출 받고(DeFi), 그림을 사고파는(NFT) 세상이 열렸다. 비트코인이 화폐라면, 이더리움은 수만 개의 앱이 깔리는 '아이폰'이다.

⑧아나톨리 야코벤코(Anatoly Yakovenko): 속도의 제왕(솔라나)

아나톨리 야코벤코는 '이더리움 킬러'라 불리는 초고속 블록체인 솔라나(Solana)를 창시했다. 통신 엔지니어 출신인 그는 '왜 블록체인은 느려 터졌지?'라는 의문에서 시작했다. 그는 블록체인에 '시간' 개념을 도입해 속도를 수천 배 높였다. 우리가 편의점에서 코인으로 껌을 사 먹으려면 비트코인(느림)이 아니라 솔라나(빠름)가 필요하다. 모바일 시대를 장악할 가장 강력한 후보다.

금융의 혈관을 뚫는 실용주의자들

"코인이 무슨 쓸모가 있어?"라고 묻는 사람들에게 "이미 쓰고 있잖아"라고 답하는 리더들이다.

⑨파올로 아르도이노(Tether) & 제러미 알레어(Circle) : 디지털 달러의 지배자들

비트코인을 사려면 현금이 필요하다. 이들은 블록체인 세상에서 현금처럼 쓰이는 '스테이블 코인(USDT, USDC)'을 만들었다. 아프리카의 노동자가 미국으로 돈을 보낼 때, 비싼 수수료를 내는 은행 대신 테더(USDT)를 쓴다. 이미 이들의 거래량은 비자(Visa) 카드를 위협하고 있다. 이미 혁신의 길을 가고 있는 것이다.

⑩크리스 라슨(Chris Larsen): 은행을 연결하는 리플(XRP)

크리스 라슨은 국제 송금망(SWIFT)을 대체하려는 야심가다. 리플은 유일하게 은행들과 친하다. 며칠씩 걸리는 국제 송금을 단 몇 초만에 끝내주는 기술로 전 세계 은행들을 연결하고 있다. 각종 소송을 이겨내며 끈질긴 생명력을 증명했다.

⑪베리 실버트(Barry Silbert): 기관 투자의 문을 연 선구자

그는 그레이스케일(Grayscale)을 통해 기관들이 비트코인을 살 수 있는 신탁 상품(GBTC)을 최초로 만들었다. 블랙록 ETF가 나오기 전까지 시장을 지탱한 일등 공신이다.

⑫ 저스틴 선(Justin Sun): 마케팅의 천재(트론)

트론(TRON)의 창시자. 워런 버핏과의 점심 식사를 54억 원에 낙찰받아 화제가 되었다. 관종이라며 욕을 먹기도 하지만, 아시아 시장과 콘텐츠 분야에서 트론의 영향력은 무시할 수 없다.

[신동일 소장의 조언] 경제독립군이여, 거인의 어깨 위에 올라타라

독자 여러분, 이 12명의 면면을 보라. 천재 개발자(사토시, 비탈릭)부터 세계 최고의 대통령(트럼프), 금융 황제(래리 핑크, 제이미 다이먼)까지. 전 세계에서 가장 똑똑하고, 가장 돈이 많고, 가장 권력이 센 사람들이 전부 이곳, 암호화폐 시장에 모여 있다.

이들이 바보라서 비트코인을 사고, 블록체인 회사를 만들었을까? 아니다. 그들은 '부의 이동'을 본 것이다. 종이 화폐의 시대가 가고, 디지털 자산의 시대가 오고 있음을 누구보다 먼저 간파한 것이다.

누구와 함께 가겠는가? "비트코인은 도박이야"라고 말하는 옆집 김 부장의 말을 듣겠는가, 아니면 1경 원을 굴리는 래리 핑크의 선택을 따르겠는가? 답은 명확하다. 거인들의 어깨에 올라타야 한다.

[경제독립 액션플랜]

지금 당장 스마트폰을 켜라. 100만 원이 아니어도 좋다. 단돈 10만 원, 아니 1만 원이라도 좋다. 이 거인들이 가리키는 '경제독립 나침반'을 따라 비토코인과 이더리움을 당신의 지갑에 담으라. 그 작은 시작이 10년 뒤, 당신을 경제적 자유라는 신대륙으로 안내할 것이다. 우리의 독립 작전은 이미 시작되었다.

[에피소드 #2]

이혼 서류와 비트코인 사이,
그 아슬아슬한 줄타기

| 강남 스타 PB 남편이 10년간 준비한 '경제독립'의 비밀

시간을 잠시 6년 전, 2020년의 어느 날로 되돌려 보자. 서울 시내의 어느 카페. 흐르는 음악 소리마저 묻혀버릴 만큼 우리 테이블 위에는 무거운 침묵만이 감돌았다. 내 앞에 앉은 아내의 눈빛은 지난 20년 결혼 생활 중 가장 차가웠다. 그녀의 입술이 파르르 떨리더니, 기어이 날선 한마디가 비수처럼 날아와 박혔다.

"여보, 한 번만 더 나 몰래 비트코인 샀다 걸리면…, 그땐 진짜 이혼 서류 준비해요."

아내의 분노는 정당했다. 그녀에게 나는 어떤 남편이었던가. 대한민국 부의 1번지, 강남 한복판에서 수백억 자산가들의 돈을 관리하던 현직 은행 PB 신동일이었다. 누구보다 안전하고, 보수적이며, 은행 예적금이 최고라고 믿는 세상에서 살아온 남자가, 하루에 30%씩 등락하는 디지털 도박판에 뛰어들었다니. 아내 입장에서는 가장 믿었던 도끼에 발등을 찍힌 셈이었으리라.

하지만 아내는 몰랐다. 내가 왜 이토록 위험한 줄타기를 시작했는지. 나는 이미 2015년, 40대 중반부터 잠 못 이루고 있었다. 화려한 은행원 명함 뒤에 가려진 '월급쟁이의 초라한 미래'가 보였기 때문이다. '이대로 가다간 은퇴 후엔 빈 껍데기만 남는다. 100세 시대, 내 가족을 지키려면 지금부터 준비해야 한다.'

그 절박함으로 나는 2015년부터 '경제독립'을 위한 씨앗을 뿌리기 시작했다. 테슬라를 공부했고, 2020년에는 남들이 사기라고 손가락질하던 비트코인에 과감히 발을 들였다. 그것은 도박이 아니라, 5년 뒤 다가올 은퇴를 대비한 처절한 '생존 투쟁'이었다.

"당신 미쳤어? 은행원 후배들도 그거 말리는데, 왜 그래? 가정이 먼저 아니야?"

아내의 힐난에 나는 일단 꼬리를 내렸다. "알았어, 다신 안 할게."

하지만 그건, 우리 가족의 미래를 위한 '하얀 거짓말'이었다. 그날 이후, 나는 집 안에서 007 작전을 방불케 하는 '몰래 투자'를 시작했다. 화장실에 들어가 물을 틀어놓고 급하게 매수 버튼을 눌렀고, 아내가 잠든 새벽 이불 속에서 숨죽이며 파란불(하락)이 빨간불(상승)로 바뀌기를 기도했다. 폭락장에 멘탈이 흔들려 표정 관리가 안 되던 날, 상승장에 흥분해 나도 모르게 환호성을 지르던 날. 그렇게 나는 무려 세 번이나 더 들켰다.

그때마다 등짝을 맞고, 각서를 쓰고, 샀던 코인을 눈물을 머금고 다시 팔아야 했다. 가정의 평화와 경제독립 사이에서 나는 매일 피가 말랐다. 하지만 운명의 여신은 끝내 간절한 자의 손을 들어주었다.

세 번째 들키고 난 뒤, 몰래 남겨두었던 비트코인이 기적처럼 급등하기 시작했다. 변동성이라는 파도가 이번엔 나를 덮치는 쓰나미가 아니라, 나를 높이 올려주는 서핑 보드가 되어주었다. 나는 익절 (수익 실현) 버튼을 누르고, 그 수익금을 조용히 아내의 통장으로 이체했다.

[띵동! 입금 000만 원]

거실에서 핸드폰 알림음을 확인한 아내의 눈이 휘둥그레졌다. 그 금액은 아내가 백화점에서 몇 번을 들었다 놨다 했던 코트 값을, 아니 그 이상을 훌쩍 넘는 돈이었다. 잠시 후, 방으로 들어온 아내는 내게 따지지 않았다. 그렇다고 "고마워"라고 말하지도 않았다. 그저 저녁 식탁에 내가 좋아하는 반찬이 하나 더 올라왔을 뿐이다.

그리고 2025년 1월. 나는 37년간 몸담았던 은행을 떠나 명예로운 은퇴를 했다. 남들은 '이제 뭐 먹고 사나' 걱정하며 퇴직금으로 치킨집을 알아볼 때, 나는 당당히 '3.1 경제독립 선언'을 외칠 수 있었다. 10년 전인 2015년부터 흘린 땀방울과, 5년 전 아내 몰래 심어둔 그

'디지털 씨앗'들이 거대한 숲이 되어 우리 가족을 지켜주고 있었기 때문이다.

지금 생각하면 만감이 교차한다. 그 살얼음판 같던 눈치 싸움, 이혼 서류라는 배수진. 하지만 이제는 안다. 아내도 내심 인정하고 있다는 것을. 남편이 목숨 걸고(?) 지켜낸 그 자산들이, 결국 우리 부부의 여유로운 인생 2막을 열어준 열쇠가 되었다는 사실을 말이다.

요즘도 가끔 비트코인 창을 보고 있으면 아내가 슥 지나가며 한마디 툭 던진다. "적당히 해. 떨어지면 밥 없는 줄 알아."

그 말은 더 이상 "하지 마"라는 경고가 아니다. "잘 지켜서 우리 경제독립 완성하자"는, 우리 부부만의 든든한 암묵적 응원이다.

36장

미국은 왜 비트코인을
'국가 전략 자산'으로 삼으려 하는가?

| 35조 달러 빚더미 위의 초강대국이 선택한 '신의 한 수'

앞서 우리는 종이 화폐의 가치가 녹아내리는 인플레이션의 공포를 확인했다. 그렇다면 이 거대한 파도 속에서 세계 1등 국가인 미국(USA)은 어떻게 생존을 준비하고 있을까?

우리는 종종 비트코인을 개인의 투기 수단으로만 치부하곤 한다. 하지만 시선을 조금만 높여 국가 단위, 그것도 기축통화국인 미국의 입장에서 바라보면 이야기는 완전히 달라진다.

최근 미 의회와 행정부를 뜨겁게 달구고 있는 '비트코인 전략적 비축(Strategic Bitcoin Reserve)' 계획. 이것은 단순한 투자 아이디어가 아니라, 벼랑 끝에 몰린 미국 경제가 선택한, 치밀하고도 냉혹한 '국가 생존 프로젝트'이다.

경제적 방패: 35조 달러 빚 폭탄을 제거할 유일한 소방수

현재 미국의 국가 부채는 35조 달러(약 4.8경 원)를 넘어섰다. 감이 오지 않는 이 숫자는 미국 경제를 언제든 터뜨릴 수 있는 시한폭탄과 같다. 이자를 갚기 위해 또 빚을 내야 하는 악순환 속에서, 비트코인이 구원투수로 등판했다.

미국 국가 부채 시계(위기 상황)(단위: 조 달러/출처: US Debt Clock)

연도	국가 부채 규모	상태
2000년	5.6조 달러	관리 가능
2010년	13.5조 달러	경고등 켜짐
2020년	27.7조 달러	위험 수위
2025년	*35.0조 달러+	통제 불능(시한폭탄)

미국이 주목한 것은 '비대칭적 상승 잠재력'이다. 달러는 무한정 찍어내 가치가 떨어지지만, 비트코인은 2,100만 개로 고정되어 있어 가치가 오른다.

- 전략: 빚(달러)을 내서 자산(비트코인)을 산다.
- 결과: 달러 가치 하락으로 빚의 실질 부담은 줄어들고, 비트코

인 폭등으로 자산 가치는 늘어난다. 이 차익으로 국가 부채를 상환한다.

이는 마치 1971년 금 본위제를 폐지하며 달러의 족쇄를 풀었던 것처럼, 디지털 시대에 '비트코인 본위제'를 도입해 부채를 증발시키려는 미국의 고단수 전략이다.

'100만 개 비축' 시나리오: 비트코인이 미국의 빚을 갚는다?

신시아 루미스(Cynthia Lummis) 상원의원이 발의한 법안의 핵심은 '미국 정부가 5년 동안 비트코인 총 공급량의 5%인 100만 개를 매수하여 20년간 보유한다'는 것이다. 이것이 실현될 경우 어떤 일이 벌어질까? 주요 금융기관(VanEck 등)의 시뮬레이션을 분석해 보았다.

미국 정부의 비트코인 100만 개 보유 시나리오

구분	현재 가치($ 68K 기준)	미래 가치($ 1M 도달 시)	미래 가치($ 3M 도달 시)
비축량	100만 BTC	100만 BTC	100만 BTC
평가액	약 680억 달러	1조 달러	3조 달러
효과	매수 시작 단계	국가 부채 3% 상환	국가 부채 10% 상환

'겨우 10% 상환?'이라고 생각할 수 있다. 하지만 기억하라. 이 3조 달러는 국민에게 세금을 더 걷거나, 허리띠를 졸라매서 만든 돈이

아니다. 단지 '디지털 코드'를 먼저 선점해서 기다린 대가로 만들어
낸, 무(無)에서 유(有)를 창조한 국부이다. 미국 입장에서는 밑져야 본
전인, 아니 무조건 남는 장사인 셈이다.

지정학적 무기: 디지털 금융 전쟁의 승기를 잡아라

화폐는 총성 없는 전쟁터이다. 중국과 러시아가 디지털 화폐
(CBDC)로 달러 패권에 도전하고, 브릭스(BRICS)가 탈달러화를 외치는
상황에서 미국은 가만히 있을 수 없다.

비트코인은 공급량이 한정되어 있다. 먼저, 많이 갖는 자가 21세
기 디지털 금융의 룰을 만든다. 미국이 100만 개를 잠그는 순간, 타
국은 비트코인을 구하기 어려워지며 자연스럽게 미국의 금융 통제
권 아래 놓이게 된다. 초기 선점 효과(First Mover Advantage)를 누리는 것
이다.

미국은 이미 범죄 수사로 압수한 비트코인을 20만 개 이상 가지
고 있다. 트럼프 대통령이 "절대 팔지 마라(Never sell your bitcoin)"고 외
친 이유는, 이것이 단순한 압수물이 아니라 미래의 전략 자산임을
간파했기 때문이다.

37장

왜 비트코인(Bitcoin)인가?: 디지털 금, 경제독립의 필수 씨앗

탄생의 서막: 금융 위기 속에서 피어난 대안

2008년, 전 세계는 리먼 브라더스 사태로 촉발된 금융위기의 공포에 떨고 있었다. 거대 은행들이 무너지고 정부가 천문학적인 돈을 찍어내는 혼란의 한복판에서, '사토시 나카모토'라는 익명의 인물이 9쪽짜리 백서를 세상에 내놓았다. 기존 금융 시스템의 신뢰가 무너진 그 틈바구니에서, 은행이나 정부의 개입 없이 개인 간(P2P)에 직접 거래할 수 있는 탈중앙화된 디지털 화폐, 비트코인(Bitcoin)이 탄생한 것이다.

2009년 1월, 역사적인 첫 번째 블록이 생성되었을 때 가치는 '0'에 가까웠다. 2010년 1만 비트코인으로 피자 두 판을 사 먹었던 일화는 이제 전설이 되었다. 그 후 비트코인은 2017년 2만 달러, 2021년 6만 9천 달러를 돌파하며 역사를 썼고, 2025년 기준, 기관 투자자들의 진입과 현물 ETF 승인으로 명실상부한 '제도권 자산'으로 안착했다.

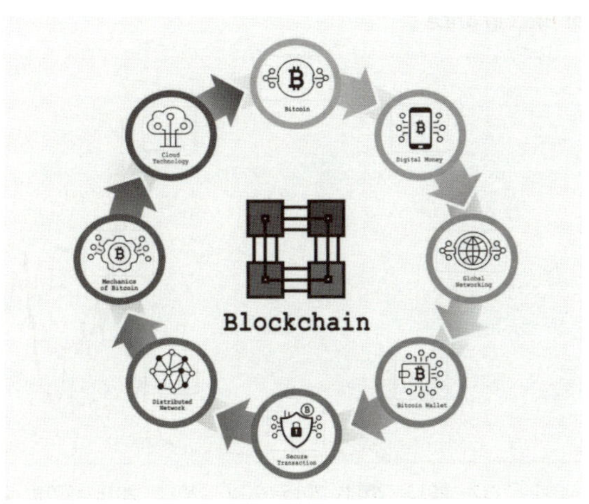

작동 원리와 핵심 가치: 2,100만 개의 절대적 희소성

비트코인을 이해하는 열쇠는 '블록체인'과 '희소성'에 있다. 비트코인의 모든 거래 장부는 전 세계 수만 대의 컴퓨터에 분산 저장

되어 위변조가 불가능하다. 여기서 가장 중요한 핵심은 공급량이 2,100만 개로 철저히 제한되어 있다는 점이다. 정부가 마음대로 찍어내 가치가 희석되는 법정 화폐와 달리, 비트코인은 수학적 알고리즘으로 인플레이션을 방지한다. 이것이 비트코인이 '디지털 금(Digital Gold)'이라 불리며 최고의 가치 저장 수단으로 평가받는 이유다.

The history of Bitcoin price

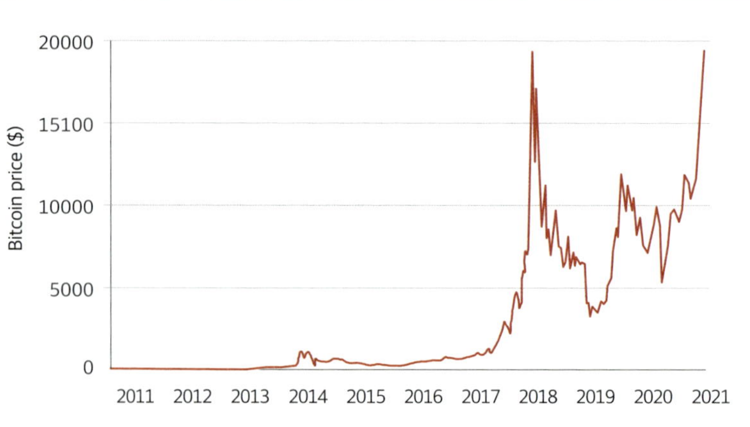

기관과 국가가 움직인다

이제 시장은 '개미'가 아니라 '고래(기관/국가)'가 주도한다. 가장 놀라운 사실은 미국 정부가 약 32만 5천 개의 비트코인을 보유한 거대 고래라는 점이다.

최근 전략적 비트코인 비축 법안 논의는 비트코인의 위상이 국가 안보급으로 격상되었음을 시사한다. 민간에서는 마이클 세일러가 이끄는 스트래티지(MSTR)가 독보적이다. 이 회사는 전체 자산의 핵심을 비트코인으로 채우며, 비트코인을 단순한 투자가 아닌 기업 생존과 성장의 핵심 전략 자산으로 삼고 있음을 증명했다.

블랙록의 조언: 포트폴리오 필수 자산

세계 최대 자산 운용사 블랙록(BlackRock)은 다중 자산 포트폴리오에서 비트코인 비중을 1~2% 정도로 유지할 것을 추천한다. 이는 과도한 위험을 피하면서도, 비트코인의 폭발적인 성장 가능성을 취할 수 있는 황금비율이다. 비트코인 투자는 단순한 돈벌이를 넘어 '금융 자주권'을 회복하고 인플레이션으로부터 내 자산을 지키는 방패이다.

테슬라와 함께 심어야 할 경제독립의 씨앗: 혁신 알트코인

우리가 앞서 살펴본 테슬라가 물리적인 세상을 혁신한다면, 블록체인은 금융과 데이터의 세상을 혁신한다. 테슬라라는 거대한 성장 엔진(주식)에, 폭발적인 잠재력을 가진 디지털 연료(암호화폐)를 더한다면 자산 증식 속도는 배가될 것이다.

①디지털 금: 비트코인(BTC)

'테슬라가 선택한 단 하나의 자산'이다. 테슬라는 기업 자산의 일부를 비트코인으로 전환해 인플레이션을 방어하고 있다. 지난 10년간 100배 이상의 상승을 기록한 이 자산은 경제 위기 시 당신의 자산 가치를 지켜주는 든든한 방패가 된다.

②스마트 계약의 플랫폼: 이더리움(ETH)

'테슬라의 AI와 만날 디지털 인프라'이다. 비트코인이 금이라면 이더리움은 수많은 앱이 구동되는 '운영체제'다. 테슬라의 로보택시가 스스로 결제하고 충전하는 미래, 기계 간의 자동 결제(M2M)를 가능하게 할 가장 유력한 인프라가 바로 이더리움이다.

③초고속 웹 3.0 네트워크: 솔라나(SOL)

'테슬라 에너지 사업의 미래 파트너'이다. 이더리움보다 압도적으로 빠른 처리 속도와 저렴한 비용을 자랑한다. 미래 가정에서 생산한 태양광 전기를 이웃에게 팔거나 공유할 때, 실시간 소액 결제를 처리할 수 있는 고성능 블록체인이다.

④대중의 화폐: 도지코인(DOGE)

'일론 머스크가 사랑하는 결제 수단'이다. 비트코인보다 전송 속도가 빠르고 수수료가 저렴해 실제 화폐로써 기능한다. 테슬라 굿즈 샵에서 이미 결제가 가능하며, 향후 슈퍼차저 충전이나 차량 구매까지 연결된다면 그 가치는 재평가될 것이다.

38장

앞으로 10년,
부의 지도를 바꿀 10가지 디지털 씨앗

| 사라질 99%의 잡코인을 거르고, 살아남을 1%의 보석을 담아라

블록체인의 세상은 자동차 산업보다 훨씬 광활하다. 금융, 예술, 인공지능(AI), 그리고 실물 자산까지 모든 것이 토큰화 되는 세상이 오고 있다.

수만 개의 코인이 난립하는 이 혼돈의 시장에서, 우리 경제독립군이 주목해야 할 것은 '살아남을 놈'이다. 다음 10년, 거대한 부의 이동을 주도할 '10가지 핵심 디지털 씨앗'을 엄선했다. 이들은 단순한 코인이 아니라, 미래 산업의 '섹터별 대장주'이다.

① 절대 권력: 비트코인(BTC) - 디지털 금

- 정체성: [가치 저장] 포트폴리오의 심장이자 방패.

- 투자 이유: 더 이상 설명이 필요 없다. 기관과 국가가 매집하는 유일한 자산이다. 당신의 자산 50% 이상은 반드시 여기에 있어야 한다.

② 만능 플랫폼: 이더리움(ETH) - 디지털 석유

- 정체성: [스마트 컨트랙트] 블록체인 생태계의 기축 통화.

- 투자 이유: 전 세계의 탈중앙화 금융(DeFi), NFT가 이 위에서 돌아간다. 블랙록이 비트코인 다음으로 선택한 ETF 상품이라는 점을 기억하라.

③ 속도의 제왕: 솔라나(SOL) - 블록체인의 윈도우/맥OS

- 정체성: [고성능 체인] 이더리움보다 빠르고 저렴한 대중적 플랫폼.

- 투자 이유: 사용자가 가장 쉽고 편하게 쓸 수 있는 환경을 제공한다. 페이팔(PayPal) 등 거대 핀테크 기업들이 솔라나 네트워크를 채택하고 있다.

④은행의 언어: 리플(XRP) - 국경 없는 송금

- 정체성: [송금 혁신] 국제 은행 간 송금(SWIFT)을 대체할 기술.
- 투자 이유: 수년간 이어진 미 SEC와의 소송이 마무리 단계다. 제도가 정비되면 전 세계 은행들이 가장 먼저 채택할 '브릿지 통화'가 될 것이다.

⑤대중의 화폐: 도지코인(DOGE) - 인터넷 화폐

- 정체성: [결제 수단] 일론 머스크와 함께하는 밈(Meme) 코인의 왕.
- 투자 이유: 가장 강력한 커뮤니티와 브랜드 파워를 가졌다. 비트코인이 금괴라서 들고 다니기 무겁다면, 도지코인은 주머니 속의 현금처럼 쓰이게 될 것이다.

⑥9억 명의 지갑: 톤코인(TON) - 텔레그램의 심장

- 정체성: [소셜 플랫폼] 메신저 텔레그램과 결합된 코인.
- 투자 이유: 별도의 앱 설치 없이 텔레그램 사용자 9억 명이 바로 지갑을 쓸 수 있다. 카카오톡 송금이 편하듯, 전 세계적으로 가장 빠르게 대중화될 잠재력이 있다(파벨 두로프의 걸작이다).

⑦AI의 연료: 렌더 토큰(RNDR) - 코인판의 엔비디아

- 정체성: [AI & GPU] 분산형 그래픽 처리 장치(GPU) 렌더링 네트워크.

- 투자 이유: AI 시대에는 막대한 GPU 파워가 필요하다. GPU를 빌려주고 토큰을 받는 구조로, 'AI+블록체인' 테마의 대장주이다.

⑧월가의 선택: 온도 파이낸스(ONDO) - 실물 자산(RWA)

- 정체성: [RWA] 미국 국채 등 실물 자산을 코인으로 만드는 선두 주자.

- 투자 이유: 블랙록 래리 핑크가 말한 '모든 자산의 토큰화'를 실현하는 프로젝트이다. 안정적인 미국 국채 수익률을 코인 시장으로 가져온다.

⑨연결의 다리: 체인링크(LINK) - 오라클 대장

- 정체성: [데이터 연결] 현실 세계의 데이터(날씨, 주가 등)를 블록체인에 넣어주는 역할.

- 투자 이유: 블록체인이 세상과 소통하려면 반드시 거쳐야 하는 관문이다. 금융 기관들이 스마트 컨트랙트를 작성할 때 필수적으로 사용하는 인프라이다.

⑩비트코인의 확장: 스택스(STX) – 비트코인 레이어2

- 정체성: [BTC 생태계] 비트코인 네트워크 위에서 앱을 구동하게 해주는 기술.

- 투자 이유: '비트코인은 저장만 할 수 있다'는 한계를 깨뜨린다. 비트코인의 보안성을 빌려 쓰면서, 그 위에서 다양한 금융 활동을 가능하게 한다.

[신동일 소장의 포트폴리오 전략] "다이소 매매는 금물이다"

10가지를 소개했다고 해서 10개를 똑같은 비율로 사라는 뜻이 절대 아니다. 그것은 '다이소(백화점) 매매'이며, 수익률을 갉아먹는 주범이다. 경제 독립군의 포트폴리오 원칙을 세워보자.

①핵심 자산(Core): 70%

비트코인(BTC)과 이더리움(ETH)에 집중하라. 이들은 절대 망하지 않는 당신의 '본진'이다.

②위성 자산(Satellite): 30%

나머지 8개 종목 중, 확신이 드는 섹터(예: AI, 결제, RWA 등) 2~3개를 골라 담으라. 이들은 비트코인보다 변동성이 크지만, 상승장에서 10배 이상의 수익(Alpha)을 가져다줄 '특공대'이다.

모르면 차라리 사지 않는 편이 낫다. 이 10가지 씨앗은 엄선한 우량 종목들이지만, 투자의 책임은 본인에게 있다. 각 코인이 어떤 문제를 해결하는지, 어떤 기업과 파트너십을 맺었는지, 적어도 A4 용지 한 장 분량은 스스로 정리해 본 뒤에 매수 버튼을 눌러야 한다. 준비된 자에게, 이 10가지 디지털 씨앗은 2030년 거대한 '머니 트리(Money Tree)'가 되어 경제독립의 그늘을 만들어 줄 것이다.

39장

비트코인 게임이론:
기업과 국가가 참전하는 '의자 뺏기' 싸움

| 미국 마이크로스트래티지부터 일본 메타플래닛까지,
  도미노는 시작됐다

우리는 지금 인류 금융 역사상 가장 흥미로운 실험을 목격하고 있다. 과거에는 개인이 비트코인을 샀지만, 이제는 상장기업이 회사의 운명을 걸고 비트코인을 매집하고, 한 국가가 국부(National Wealth)를 걸고 비트코인을 비축하려 한다.

이것은 단순한 투자가 아니라, '게임이론(Game Theory)'에 입각한 생존 경쟁이다. 누군가 먼저 시작하면, 나머지는 도태되지 않기 위해 어쩔 수 없이 따라와야 하는 '강요된 선택'의 시대. 그 치열한 전장의 최전선을 분석해 본다.

[선구자] 마이크로스트래티지: "주식을 찍어서 비트코인을 산다"

마이클 세일러가 이끄는 마이크로스트래티지(MSTR)의 전략은 단순히 '돈 벌어서 투자한다'는 차원이 아니다. 금융 공학에 가까운 '무한 동력' 시스템이다. 이 전략의 핵심(Capital Markets Arbitrage)은 다음과 같다.

①빚을 낸다: 회사의 신용으로 채권(전환사채)을 발행해 달러를 빌린다. 이자는 매우 싸다(0~1%대).

②주식을 찍는다: MSTR 주가가 오르면 유상증자를 통해 달러를 조달한다.

③비트코인을 산다: 이렇게 모은 억 달러 단위의 현금으로 비트코인을 시장가로 긁어모은다.

④반복: 비트코인 가격이 오르면 MSTR 주가가 오르고, 다시 돈을 빌려 비트코인을 더 산다.

그 결과 MSTR은 현재 전 세계 비트코인 유통량의 1% 이상(약 33만 개 이상)을 독점했다. 이제 MSTR은 단순한 소프트웨어 회사가 아니라, '비트코인 개발사'이자 '비트코인 은행'이 되었다.

[확산] 일본의 반격, 메타플래닛(Metaplanet): "엔화는 답이 없다"

미국에 마이클 세일러가 있다면, 아시아에는 '메타플래닛(Metaplanet)'이 있다. 도쿄 증시에 상장된 이 회사는 원래 호텔/부동산 사업을 하던 곳이었다. 하지만 엔화 가치가 끝없이 추락하자(엔저 현상), 2024년 '비트코인 온리(Bitcoin Only)'를 선언하며 일본판 마이크로스트래티지가 되기로 결심한다.

이 결심의 배경은 세계 최고 수준(260%)의 일본 국가 부채 비율 때문이다. 엔화를 들고 있는 것은 자산이 녹아내리는 것과 같다. 메타플래닛은 주주들에게 걷은 돈과 대출금으로 매주 비트코인을 사 모으고 있다. 이는 비트코인 전략이 미국만의 것이 아님을 증명한다. 화폐 가치가 불안한 모든 나라의 기업들이 메타플래닛의 뒤를 따를 것이다. 한국, 터키, 남미의 기업들도 곧 이 대열에 합류할 것이다.

[최종 단계] 국가 대항전: 죄수의 딜레마와 FOMO

기업들의 경쟁은 결국 '국가 간의 경쟁'으로 확장된다. 이것이 비트코인 가격이 천정부지로 치솟을 수밖에 없는 진짜 이유다.

①엘살바도르와 부탄의 나비효과

작은 나라 엘살바도르는 세계 최초로 비트코인을 법정화폐로 채택하고 매일 1비트코인씩 사고 있다. 히말라야의 소국 부탄은 수력발전으로 비트코인을 채굴하여 GDP의 30%에 달하는 수익을 냈다. 처음에는 비웃던 강대국들이 이제는 긴장하기 시작했다. '저 작은 나라들이 비트코인으로 부자가 되면, 달러를 쥔 우리는 바보가 되는 것 아닐까?'

②미국의 참전, 그리고 중국의 딜레마

트럼프 전 대통령과 미 공화당을 중심으로 "미국이 비트코인 100만 개를 비축해야 한다"는 논의가 시작되었다. 자, 여기서 '게임 이론'이 작동한다.

- 시나리오: 미국이 비트코인을 전략 자산으로 비축한다고 선언한다.
- 중국의 반응: 미국이 비트코인을 독점하게 놔둘 수 없다. 중국도 금지를 풀고 국부펀드를 통해 비트코인 매집에 나설 수밖에 없다.
- 러시아/사우디의 반응: 달러 패권을 피하기 위해 에너지(석유/가

ㅅ) 결제 수단으로 비트코인을 채택한다.

결국, 한 강대국이 시작하면 다른 나라들도 국가 안보 차원에서 강제로 참여해야 하는 '죄수의 딜레마' 상황이 펼쳐진다. 서로 눈치를 보며 비트코인 쟁탈전(FOMO)이 벌어지는 것이다.

[가격 전망] 공급 충격이 오면 가격은 어디로 가는가?

이 모든 상황을 종합해 볼 때, 가격 상승은 수학적 필연이다. 먼저 공급이 줄어든다. 반감기로 인해 채굴량이 줄었고, 2,100만 개 총량은 변하지 않는다. 반면 수요는 폭발한다. 개인은 1개 혹은 0.1개를 매수하고, 기업(MSTR 등)은 1만 개, 10만 개 단위로 매수한다(씨를 말림). 또한 국가(미국 등)는 100만 개 단위로 매수(전략 비축)한다.

시장에 풀려있는 비트코인은 한정되어 있는데, 고래들이 수십만 개씩 빨아들이면 어떻게 될까? 우리가 아는 경제학 교과서의 그래프는 천장을 뚫고 우주로 날아갈 것이다. 이것이 전문가들이 1비트코인=10억 원, 20억 원을 예언하는 근거다.

[경제독립군의 지식 결론] "의자 뺏기 게임에서 탈락하지 마라"

지금 전 세계는 '2,100만 개의 의자'를 놓고 벌이는 거대한 '의자 뺏기 게임(Musical Chairs)'을 하고 있다.

음악은 흐르고 있고, 마이클 세일러 같은 기업과 미국이라는 거인들이 거대한 엉덩이로 의자를 차지하고 있다. 심지어 일본 기업들도 달려들고 있다. 지금 당신이 '비트코인 너무 비싼 거 아냐?' 하며 망설이는 순간에도, 누군가는 기업의 돈으로, 국가의 예산으로 당신이 앉아야 할 의자를 빼앗아가고 있다.

이 게임의 규칙은 잔인하다. 나중에 들어오는 사람은 더 비싼 값을 치러야 한다. 아니, 돈을 줘도 의자를 구할 수 없을지도 모른다. 지금 당장 1개의 의자(1 BTC)는 아니더라도, 의자 다리 하나(0.1 BTC), 아니 나사 하나(0.01 BTC)라도 확보하라. 거인들이 춤추는 이 광란의 파티에서 소외되지 않는 유일한 방법은, 그들보다 아주 조금이라도 먼저 입장권을 끊는 것뿐이다.

40장

비트코인 vs. 마이크로스트래티지
: 주식은 '탄광 속 카나리아'일 뿐,
본질은 비트코인이다

많은 경제독립군들이 묻는다.

"소장님, 마이클 세일러가 그렇게 대단하면 그냥 그 회사 주식 (MSTR)을 사는 게 낫지 않나요?"

나의 대답은 단호하다.

"아니요. 주식은 재미로 하는 '테스트 버드'일 뿐, 우리의 목숨줄은 반드시 '비트코인 현물'이어야 합니다."

왜 그럴까? 내가 직접 경험한 뼈아픈 현실과 마이클 세일러의 숨겨진 행동을 통해 그 이유를 명확히 짚어본다.

마이클 세일러의 이중 행동:
그는 왜 개인적으로 비트코인을 모을까?

마이클 세일러는 회사의 모든 돈을 비트코인에 걸었다. 하지만 당신이 모르는 사실이 하나 있다. 그는 자신의 개인 돈으로도 약 17,000개 이상의 비트코인(약 7,000억 원 이상)을 따로 매수해서 개인 지갑에 보관하고 있다는 점이다. 왜일까? 그는 알고 있기 때문이다.

- 회사의 리스크: 마이크로스트래티지는 기업이다. 경영진이 바뀔 수도, 정부 규제로 영업이 정지될 수도, 과도한 부채로 흔들릴 수도 있다.
- 본질의 안전함: 하지만 비트코인 네트워크는 주인이 없기에, 회사가 망해도 내 지갑 속 비트코인은 영원히 살아남는다.

비트코인 전도사조차 '회사(주식)'와 '내 자산(코인)'을 철저히 분리한다. 하물며 우리가 기업 주식에 올인한다는 건 위험천만한 일이다.

[나의 고백] '내 펀드는 왜 마이너스인가?'

솔직히 고백하겠다. 테스트 삼아 마이크로스트래티지에 투자한 펀드가 있다. 그런데 참 이상하다. 최근 비트코인 가격은 올랐는데,

나의 펀드 수익률은 마이너스다. 이것이 바로 주식 투자의 함정, '프리미엄(거품)의 배신'이다.

MSTR 주식은 사람들의 광기가 몰리면 실제 가치보다 2배, 3배 비싸게 거래되다가(프리미엄), 시장이 조금만 식으면 비트코인 가격이 그대로여도 주가만 폭락하며 제자리를 찾아간다. 주식으로 비트코인을 사려다가는 이 변동성의 칼날에 베이기 십상이다.

MSTR의 진짜 용도: '탄광 속 카나리아'

그렇다면 MSTR 주식은 쓸모가 없을까? 아니다. 나는 이 주식을 '탄광 속 카나리아'로 활용하라고 조언한다. 광부들은 탄광에 들어갈 때 카나리아 새를 데려간다. 유독가스가 나오면 사람보다 먼저 새가 쓰러지기 때문이다.

MSTR 주가가 비정상적으로 폭등하면? '아, 시장이 과열됐구나. 조심하자' 하며 시장 과열 신호로 받아들이면 된다. 혹은 비트코인은 버티는데 MSTR 주가만 폭락하면? '거품이 빠지고 있구나. 현물을 모아가기 좋은 때다' 하고 행동하면 된다. 즉, MSTR은 내 자산을 불려주는 주력 부대가 아니라, 시장의 분위기를 가장 먼저 알려주는 민감한 탐지기로 써야 한다.

[신동일 소장의 결론] 본질(Essence)에 집중하라

우리는 투기꾼이 아니라 경제독립군이다. 독립군은 남의 나라 용병(기업 주식)에게 내 운명을 맡기지 않는다. 내 총(비트코인)은 내가 직접 들고 있어야 한다.

[최종 포트폴리오 제안]

- 비트코인 현물(90% 이상): 이것이 진짜이다. 누가 뺏어갈 수 없는 내 소유의 디지털 금이다. 10년 뒤 자녀에게 물려줄 것은 주식 쪼가리가 아니라 이 암호화폐 지갑이다.
- MSTR 주식(10% 미만): 이것은 '테스트 버드(Test Bed)'이다. 재미 삼아 시장의 변동성을 느끼고, 카나리아처럼 위험 신호를 감지하는 용도로만 소액 활용하라.

"껍데기(주식)에 현혹되지 말고, 알맹이(비트코인)를 쥐어라."

이것이 마이클 세일러가 말하지 않은, 그러나 몸소 실천하고 있는 진짜 투자의 원칙이다.

41장

비트코인으로
'꿈'과 '자유'를 산 거인들

| 마이클 세일러보다 7년 먼저 미래를 본 선구자들의 이야기

우리는 앞서 2020년에 진입한 마이클 세일러(MSTR)를 비트코인의 영웅이라 칭송했다. 하지만 그보다 훨씬 앞선 '암흑기(2013~2015년)'에 세상 모두가 비트코인을 사기라고 손가락질할 때 전 재산을 건 진짜 선구자들이 있다.

그들은 비트코인을 통해 단순히 부자가 된 것이 아니다. 누군가는 '언론의 자유'를 지켰고, 누군가는 '빼앗긴 명예'를 되찾았으며, 누군가는 '맨손 신화'를 썼다. 여기, 비트코인으로 자신의 꿈을 완성한 5명의 거인을 소개한다.

파벨 두로프(Pavel Durov):
비트코인으로 '자유의 성채' 텔레그램을 지키다

"나는 거대 자본과 정부의 통제를 받지 않는다. 내겐 비트코인이 있기 때문이다."

전 세계 9억 명이 사용하는 메신저 텔레그램(Telegram). 보안과 자유의 상징인 이 앱은 놀랍게도 창업 이후 오랫동안 수익 모델이 거의 없었다. 매년 서버 유지비로만 수천억 원이 들어가는데, 파벨 두로프는 어떻게 광고도 없이, 투자자의 간섭도 없이 회사를 운영할 수 있었을까? 비밀은 바로 비트코인에 있었다.

그의 비트코인 진입 시기는 2013년~2014년이었고, 당시 비트코인 가격은 약 $750 내외였다. 투자 금액은 약 150만 달러(당시 약 16억 원), 보유 수량은 약 2,000~수천 개로 추정된다(현재 가치 수천억 원).

러시아 출신인 그는 정부의 검열과 금융 제재를 혐오했다. 은행에 돈을 넣어두면 언제든 정부가 동결할 수 있다는 사실을 알았기에, 그는 자신의 자산을 '누구도 건드릴 수 없는' 비트코인으로 바꿨다.

대부분의 CEO는 주주 눈치를 보느라 사용자의 정보를 팔거나 광고를 덕지덕지 붙인다. 하지만 파벨 두로프는 비트코인 투자로 얻은 막대한 개인 자산 덕분에 "돈 벌어오라"는 압박에서 자유로웠다. 그가 비트코인을 선택한 건 투기가 아니었다. 그 어떤 권력에도 무릎 꿇지 않고 표현의 자유를 지키기 위한 가장 강력한 방패를 마련한 것이다. 이야말로 진정한 경제독립의 표본이다.

윙클보스 형제(Winklevoss Twins): 페이스북을 뺏긴 대신, 비트코인 제국을 건설하다

영화 〈소셜 네트워크〉를 기억하는가? 마크 저커버그에게 페이스북 아이디어를 도용당했다며 소송을 건 비운의 형제. 그들은 합의금으로 받은 돈을 몽땅 비트코인에 쏟아부었다. 이 형제의 진입 시기는 2013년으로 가격은 약 $120였고, 합의금 중 1,100만 달러(약 120억 원)를 투자했다.

한때 비트코인 전체 유통량의 1%를 보유했던 고래이자, 암호화폐 거래소 '제미니(Gemini)'의 창업자들이다. 실리콘밸리가 그들을 "페이스북 패배자"라고 조롱할 때, 그들은 비트코인을 '제2의 인터넷 혁명'이라 확신했다. 그들은 과거에 얽매이지 않고 미래를 샀다. 현재 그들의 자산 가치는 약 60억 달러(8조 원) 이상으로 추정된다.

창펑 자오(CZ): 집을 팔아 비트코인을 산 '흙수저의 올인'

세계 최대 거래소 바이낸스(Binance)의 창업자인 그는 금수저가 아니었다. 평범한 개발자였던 그가 세계 최고의 부자가 된 비결은 미칠 듯한 '확신(Conviction)'이었다. 2014년 상하이에 있던 유일한 아파트를 팔아서 전액 비트코인을 매수했다. 하지만 그가 비트코인을 산 직후, 비트코인 가격은 $600에서 $200대로 3분의 1토막이 났다. 모두가 망했다고 비웃었지만, 그는 단 1개도 팔지 않았다. 오히려 그 기술력을 바탕으로 바이낸스를 세웠고, 현재 자산 약 40조 원의 거부가 되었다. 그는 말한다. "하락장을 견디지 못하는 자는 부자가 될 자격이 없다."

팀 드레이퍼(Tim Draper): "정부가 파는 걸 내가 다 사겠다"

실리콘밸리의 전설적인 벤처투자자인 그는 남들이 공포에 질려 던질 때, 오히려 더 큰 물량을 한 번에 가져가는 담대함을 보여주었다. 2014년 마운트곡스 해킹 사태로 시장이 공포일 때 진입했고, 미 연방 보안관국(USMS)이 범죄 수익으로 압수한 비트코인 경매에 참여하여 30,000개를 낙찰받았다. 그의 성공 요인은 역발상 투자에 있다. 월스트리트가 비트코인을 마약 자금이라 욕할 때, 그는 정부가 보증하고 경매에 내놓은 이 자산이 곧 디지털 금이 될 것임을 간파했다.

에릭 핀만(Erik Finman): "대학 안 갈래요" 12살 소년의 베팅

비트코인 투자는 어른들만의 전유물이 아니다. 에릭 핀만의 사례는 10대 자녀를 둔 부모님들께 큰 울림을 준다. 이 소년은 2011년(당시 12세)에 비트코인을 매수했는데, 자금의 출처는 할머니에게 받은 용돈 1,000달러(약 120만 원)였다. 당시 비트코인 가격은 약 $10~12.

소년은 부모님과 내기를 했다. "내가 18살까지 백만장자가 된다면 대학에 안 갈래요"라는 조건이었다. 18살이 된 소년은 비트코인 가치 상승으로 당당히 백만장자가 되었고, 대학 진학 대신 자신의 교육 사업을 시작했다. 그는 말한다. "학교에서는 비트코인을 가르쳐주지 않았지만, 비트코인이 나에게 세상을 가르쳐주었다."

텔레그램의 두로프는 '자유'를 위해, 창펑 자오는 '생존'을 위해, 12살 소년은 '꿈'을 위해 비트코인을 샀다. 이들이 투자할 때 비트코인은 지금보다 훨씬 더 위험해 보였고, 훨씬 더 많은 비난을 받았다.

하지만 그들은 '가격'이 아닌 '가치'를 믿었다. 이제 당신의 차례다. 마이크로스트래티지가 길을 닦았고, 블랙록이 문을 열었다. 선구자들이 목숨 걸고 지켜낸 이 '디지털 자유의 땅'에 당신의 깃발을 꽂으라. 늦었다고 생각하는가? 10년 뒤, 누군가는 지금 시작한 당신을 보며 '저 사람은 정말 선구자였어'라고 부러워하게 될 것이다.

42장

스마트 계약의 여왕:
이더리움(ETH)

비트코인이 디지털 금(Gold)이라면, 이더리움은 '디지털 석유(Oil)'다. 많은 분들이 묻는다. "소장님, 비트코인 하나면 되지 왜 이더리움까지 알아야 합니까?" 나의 대답은 명확하다. 비트코인은 '화폐'를 혁신했고, 이더리움은 '계약'과 '인터넷'을 혁신했기 때문이다. 경제독립을 꿈꾸는 우리가 이더리움을 포트폴리오에 담아야 하는 이유는 차고 넘친다.

이더리움을 창시한 천재, 비탈릭 부테린(Vitalik Buterin): 블록체인을 '계산기'에서 '스마트폰'으로 진화시키다

비트코인에 사토시 나카모토라는 베일 속의 인물이 있다면, 이더리움에는 살아있는 천재 비탈릭 부테린이 있다. 2013년, 당시 19세였던 비탈릭은 비트코인의 한계를 느꼈다. '왜 비트코인은 단순히 송금만 해야 하는가? 이 기술로 대출도 하고, 게임도 하고, 주식회사도 만들 수는 없을까?'

그는 이 질문 하나로 대학을 중퇴하고 이더리움 백서를 썼다. 사토시가 블록체인이라는 하드웨어를 발명했다면, 비탈릭은 그 위에서 온갖 앱이 돌아갈 수 있는 '소프트웨어(운영체제)'를 만든 것이다. 창시자가 실명으로 활동하며 전 세계와 소통하고 끊임없이 기술을 진보시킨다는 점, 이것이 이더리움의 가장 강력한 신뢰 자산이다.

우리가 이더리움을 주목해야 할 3가지 이유

①전 세계가 쓰는 '글로벌 컴퓨터'

비트코인을 비유하면 계산기다. 숫자를 더하고 빼는(송금) 기능에 특화되어 있다. 하지만 이더리움은 스마트폰이다. 그 위에서 게임도 하고, 은행 업무(DeFi)도 보고, 예술품 거래(NFT)도 한다. 앞으로 다가올 '토큰화된 세상(Tokenized World)'에서 모든 자산(부동산, 채권, 주식)이 블록체인 위로 올라갈 때, 그 도로와 건물을 짓는 기초 자재가 바로 이더리움이다.

②공급이 줄어드는 '초건전 자산(Ultra Sound Money)'

이더리움은 네트워크가 많이 사용될수록 코인이 불타서 사라지는(소각) 시스템을 갖췄다. 사람들이 이더리움 위에서 활동을 많이 할수록 희소성이 높아진다. 이는 시간이 갈수록 공급보다 수요가 많아져 가치가 오를 수밖에 없는 강력한 디플레이션 모델이다.

③기관들의 두 번째 선택, ETF

비트코인 현물 ETF 승인 이후, 미국 월가가 선택한 두 번째 타자는 바로 이더리움이었다. 이는 이더리움이 단순한 알트코인이 아니라, 비트코인과 함께 제도권 금융의 표준 자산(Standard Asset)으로 인정받았음을 의미한다.

거인들의 엇갈린 선택: 머스크 vs. 피터 틸

머스크가 대중을 잡을 때, 틸은 시스템을 잡았다. 이더리움의 가치를 증명하는 결정적 증거가 또 있다. 바로 실리콘밸리의 대부이자 『제로 투 원』의 저자 피터 틸(Peter Thiel)의 선택이다. 일론 머스크가 도지코인으로 대중과 소통할 때, 피터 틸이 이끄는 파운더스 펀드는 조용히 이더리움을 매집했다.

- 제로 투 원의 확장: 피터 틸은 알고 있다. 비트코인이 디지털 화폐를 0에서 1로 창조했다면, 이더리움은 그 위에서 금융과 계약 시스템을 1에서 N으로 무한 확장시키는 '디지털 영토'라는 사실을.
- 미국의 기술 패권: 달러 패권이 흔들리는 시대, 미국이 전 세계 금융을 계속 지배하려면 이더리움 같은 '블록체인 OS(운영체제)'를 장악해야 한다. 구글과 애플이 모바일 OS를 장악해 세계를 지배했듯, 차세대 인터넷(Web 3.0)의 OS는 이더리움이 될 가능성이 가장 높다.

비트코인이 '디지털 금'이고 이더리움이 '디지털 석유'라면, 도지코인은 대체 뭘까? 많은 전문가가 '장난(Meme)'이라며 무시하지만, 천재 사업가 일론 머스크의 생각은 다르다. 그는 왜 하필 강아지 코인에 열광할까? 그 속에는 세상을 바꿀 거대한 풍자와 혁신이 숨어 있다.

①가장 정직한 민중의 화폐(The People's Crypto)

비트코인은 비싸고 무거워서 커피 한 잔 사 마시기 부담스럽다(금괴). 하지만 도지코인은 전송 속도가 빠르고 수수료가 저렴하다. 머스크는 복잡하고 권위적인 금융 시스템 대신, 누구나 쉽고 즐겁게 쓸 수 있는 도지코인에서 '미래 실생활 화폐(Currency)'의 가능성을 본 것이다.

②X(트위터)와 테슬라의 혈액

머스크의 꿈은 X(구 트위터)를 금융과 SNS가 결합된 슈퍼 앱으로 만드는 것이다. 전 세계인이 달러 대신 주고받을 기축 통화로 도지코인이 유력하다. 이미 테슬라 굿즈 샵에서는 도지코인 결제를 지원한다. 만약 테슬라 자동차를 도지코인으로 사는 날이 온다면? 그 가치는 폭발할 것이다.

③D.O.G.E(정부효율화부)의 정치적 상징

우연의 일치일까? 머스크가 트럼프 정부에서 맡은 부서가 '정부효율화부(Department of Government Efficiency)', 약자로 D.O.G.E였다. 이제

도지코인은 단순한 밈(Meme)을 넘어, 관료주의를 타파하고 효율성을 추구하는 정치적·문화적 혁신의 아이콘이 되었다.

[투자 팁]

도지코인은 변동성이 매우 크다. 따라서 몰빵 투자는 위험하다. 하지만 일론 머스크라는 지구상 최고의 사업가가 자신의 비즈니스 생태계(테슬라, 스페이스X, X)에 피를 돌게 하는 혈액으로 점찍은 코인이다. 포트폴리오의 5~10% 정도, 복권 긁는 마음보다는 머스크의 미래에 대한 베팅으로 담아두면 어떨까? 머스크가 화성에 갈 때, 그 로켓에는 분명 도지코인이 실려 있을 것이다.

43장

[실전 가이드]

코인, 이것만 보고 따라 하세요!: 5분 만에 끝내는 '경제독립 시스템' 세팅법

"어려울 것 같아서 못 하겠어요." 이 핑계는 이제 통하지 않는다. 은행 갈 필요도 없다. 침대에 누워서 5분이면 된다. 당신의 신분증 (주민등록증/운전면허증)과 스마트폰만 준비하라.

비트코인 깃발 꽂기(가상자산 거래소)

코인은 은행 계좌 연결이 핵심이다. 대한민국 1등 거래소 업비트 (Upbit)를 기준으로 설명한다.

STEP 1. 케이뱅크(K-Bank) 계좌 트기

- 업비트는 인터넷 은행인 케이뱅크하고만 연결된다.
- 먼저 케이뱅크 앱을 깔고 비대면으로 입출금 통장을 만들어라(3분 소요).

STEP 2. 업비트 가입 및 인증

- 업비트 앱을 설치하고 카카오톡/네이버 등으로 간편 가입한다.
- [보안 등급] 메뉴에서 신분증 인증과 케이뱅크 계좌 연결을 완료한다.

STEP 3. 입금 및 매수

- 업비트 앱의 [입출금] 메뉴에서 '원화'를 누르고 '입금하기'를 신청하면, 케이뱅크에 있는 내 돈이 업비트로 들어온다.
- 이제 '비트코인(BTC)'을 검색하고 주식처럼 사면 된다(단돈 5천 원부터 매수 가능!).

거래소에 둘까, 지갑으로 옮길까?: 당신의 비트코인, 진짜 당신 것입니까?

주식은 예탁결제원이 지켜주지만, 코인은 다르다. 거래소(업비트)가 해킹당하거나 파산하면 내 돈을 못 찾을 수도 있다. 그래서 등장한 것이 '개인 지갑(Cold Wallet)'이다. 초보자는 거래소가 편하지만, 큰 돈을 투자한다면 반드시 고민해야 할 문제다.

거래소(업비트) vs. 개인 지갑(콜드월렛) 비교

구분	거래소(예: 업비트, 빗썸)	개인 지갑(예: 렛저, 탕젬)
보관 형태	위탁 보관(은행처럼 맡김)	직접 보관(내 금고에 넣음)
편의성	최상(앱으로 1초 매매)	불편(USB 연결, 전송 절차 필요)
해킹 위험	거래소 보안 뚫리면 위험	거의 없음(인터넷 차단 상태)
비밀번호	잊어버려도 찾을 수 있음	분실 시 영원히 복구 불가(주의!)
소유권	"Not your keys, not your coins" (키는 거래소가 가짐)	100% 나의 것 (내가 키를 가짐)
비유	은행 예금	집 안의 개인 금고

금액에 따라 다르게 하라!

정답은 '투자 금액'과 '목적'에 있다.

입문자 & 소액 투자자(1,000만 원 미만)

거래소(업비트)가 좋다. 개인 지갑은 사용법이 어렵고, 비밀문구(니모닉)를 잃어버리면 돈을 다 날리는 사고가 빈번하다. 국내 대형 거래소(업비트 등)는 보안이 훌륭하고, 정부 규제를 받으므로 소액은 안심하고 맡겨도 된다.

고액 투자자 & 장기 보유자(1억 원 이상)

개인 지갑(콜드월렛)이 좋다. 금액이 커지면 남을 믿지 마라. 거래소 이슈에서 자유로워야 한다. '렛저(Ledger)'나 '탕젬(Tangem)' 같은 하드웨어 월렛을 하나 장만해서, 비트코인을 옮겨 담고 금고 깊숙이 넣어두자. 그것이 10년 뒤 자녀에게 물려줄 때 가장 안전한 방법이다. 돈을 버는 것만큼, 지키는 것도 중요하다. 처음엔 업비트로 시작하되, 비트코인 개수가 늘어나면 반드시 지갑 공부를 병행하라. 그것이 진정한 '금융 독립'의 완성이다.

Part 5

집에 갇힌 돈과 국가가 주는 월급을 구출하라: 10년 뒤 100억 부자로 가는 비밀 지도

44장

[현금 채굴]

돈이 없다는 핑계는 이제 그만!

| 당신의 일상 속에 숨어 있는 '황금알'을 찾아라

자, 이제 우리는 무엇을 사야 하는지(테슬라, 비트코인), 그리고 어디에 담아야 하는지까지 완벽하게 알았으므로 지도는 완성되었다. 그런데 마지막 관문이 남았다. 많은 사람들이 여기서 멈칫한다. "소장님, 다 좋은데 당장 투자할 돈이 없어요."

월급은 통장을 스쳐 지나가고, 카드값 내기도 벅찬데 무슨 돈으로 투자를 하냐고 반문하고 싶을 것이다. 하지만 단언컨대, 당신에게 돈이 없는 게 아니다. 단지 '새는 구멍'이 너무 많을 뿐이다.

지금부터 당신의 일상 속에서, 노동을 더 하지 않고도 월 30만 원에서 100만 원을 만들어내는 마법 같은 기술, [현금 채굴(Cash Mining)]

의 세계로 안내한다.

이 돈은 당신이 치킨을 참아서 만든 돈일 수도 있고, 스마트폰을 들고 걸어서 만든 돈일 수도 있으며, 국가가 주는 혜택을 챙겨서 만든 돈일 수도 있다. 중요한 것은 이 푼돈들이 모여 테슬라 1주가 되고, 비트코인 0.01개가 되어, 10년 뒤 당신을 10억 부자로 만들어줄 '위대한 씨앗'이 된다는 사실이다. 준비가 됐으면 지금 당장 당신의 통장을 수술하러 가보자.

[에피소드] 꽃집 사장님의 감사 인사: "소장님 덕분에 세금 아꼈어요!"

어느 날, 자주 가던 동네 꽃집에 들렀다가 사장님께 뜻밖의 감사 인사를 받았다. 꽃을 고르고 있는데 사장님이 환하게 웃으며 달려온다.

"신동일 소장님 아니세요? 저 유튜브 〈3.1 경제독립TV〉 매일 봅니다! 소장님 영상 보고 당장 은행 가서 예금을 다 바꿨잖아요."

사연인즉슨, 사장님은 그동안 힘들게 번 돈을 꼬박꼬박 일반 정기예금에만 넣어두셨다고 한다. 은행 직원이 권하는 대로 15.4%나 되는 이자 소득세를 떼어가며 말이다. 그러다 내 영상(당시 100만 뷰를 기록한 '은행이 절대 안 알려주는 ISA 비밀' 편)을 보고, 다음 날 바로 은행에 가서 ISA(개인종합자산관리계좌)를 만드셨다고 한다.

"그전에는 이자 100만 원 받으면 15만 4천 원이나 세금으로 떼갔는데, ISA 통장으로 예금을 드니까 세금이 0원이더라고요! 소장님 덕분에 앉아서 몇 십만 원 벌었습니다. 정말 고맙습니다."

사장님의 손에는 흙이 묻어 있었지만, 표정은 그 어느 때보다 밝았다. 이것이 바로 금융 지식의 힘이다. 똑같은 은행 예금이라도 '어떤 그릇(계좌)'에 담느냐에 따라 결과는 천지 차이이다. 부자들은 이미 다 알고 쓰는 이 혜택, 왜 우리 서민들만 세금을 다 내야 하는가?

정부가 서민들의 재산 형성을 돕기 위해 만든 '만능 통장 ISA'. 꽃집 사장님도 하셨다. 당신도 지금 당장 은행 앱을 켜라.

[팩트 체크] 꽃집 사장님은 실제로 얼마를 더 벌었을까?

구분	일반 정기예금	ISA 정기예금(비과세)	비고
원금	2,000만 원	2,000만 원	동일
이자(연 4%)	800,000원	800,000원	동일
세금(15.4%)	-123,200(징수)	0원(비과세)	ISA 승!
최종 수령액	20,676,800원	20,800,000원	+12만 원 이득

만약 2,000만 원을 연 4% 정기예금에 넣었다고 가정할 때, 일반 통장과 ISA 통장의 결과는 이렇게 다르다.

　보라. 똑같은 돈, 똑같은 기간, 똑같은 이자율인데 통장 껍데기 하나 바꿨다고 12만 3천 원이 더 생겼다. 이 돈이면 치킨이 4마리고, 비트코인을 0.001개 더 살 수 있는 돈이다. 부자들은 이 12만 원을 아끼기 위해 공부하고 실행한다. 세금으로 나가는 돈을 막는 것, 그것이 현금 채굴의 가장 기초이자 핵심이다.

45장

[세금 전략]

수익률 100%보다 중요한 '세금 0원'의 기술: 경제독립군의 필수 무기, ISA(만능통장)로 테슬라를 담아라

세금은 줄이고 수익은 극대화하라: ISA 활용법

앞서 우리는 자녀에게 엔비디아와 테슬라를 사줘야 한다는 것을 배웠다. 그런데 여기서 잠깐, 맹목적인 투자가 불러올 수 있는 '세금 폭탄'을 경계해야 한다.

미국 주식(테슬라, 엔비디아)을 직접 사서 250만 원 이상의 수익이 나면, 수익금의 22%를 양도소득세로 내야 한다. 1억을 벌면 2,200만 원이 세금이다. 너무 아깝지 않은가?

그래서 우리 경제독립군은 정부가 서민들을 위해 만들어준 유일

한 합법적 조세 회피처, ISA(개인종합자산관리계좌)를 반드시 활용해야
한다.

왜 ISA인가?: '국가가 허락한 유일한 비과세 치트키'

ISA 계좌에서 발생한 수익은 200만 원(서민형 400만 원)까지 세금을
한 푼도 내지 않는다(비과세). 한도를 초과한 수익에 대해서도 9.9%
의 낮은 세율로 분리과세 된다. 일반 해외 주식 세금(22%)의 절반도
안 되는 수준이다. 그렇다면 이 만능 통장을 어떻게 활용해야 할까?
'안전하게 모으는 법'과 '똑똑하게 굴리는 법', 두 가지 무기를 모두
장착해 보자.

[기초: 시드머니 만들기] 예금 풍차 돌리기+ISA:
매월 만기의 기쁨을 맛보며 세금까지 아껴라

아직 투자할 목돈이 없거나 원금 손실이 두려운가? 그렇다면 무
작정 주식을 사지 말고, ISA 계좌 안에서 '풍차 돌리기' 시스템부터
구축하라.

풍차 돌리기 작동 원리(1년 만기 기준)

목돈을 한 번에 넣기 부담스럽거나, 급전이 필요해 적금을 깰까 봐 걱정된다면 풍차 돌리기가 정답이다. 매월 새로운 예금/적금에 가입하여 1년 뒤부터 매달 만기가 돌아오게 만드는 시스템이다.

- 1개월 차: 10만 원짜리 예금(또는 적금) A 가입.

- 2개월 차: 10만 원짜리 예금 B 가입. (A는 계속 불입)

- 12개월 차: 10만 원짜리 예금 L 가입. (총 12개의 통장이 돌아간다)

- 13개월 차: [축하한다!] 첫 번째 예금 A의 만기 원금과 이자가 들어온다.

  - 전략: 이 만기 자금을 쓰지 않고, 13번째 예금에 원금+이자를 합쳐 재예치한다. 이것이 '복리 효과'의 시작이다.

시스템 업그레이드: 왜 ISA에서 돌려야 하는가?

그냥 은행 가서 풍차를 돌리면 하수다. 반드시 ISA 계좌(중개형/신탁형) 안에서 예금 상품을 가입해야 한다.

- 일반 예금: 이자의 15.4%를 세금으로 떼어간다(이자 100만 원이면 15만 4천 원이 세금).

- ISA 예금: 발생한 이자 소득에 대해 비과세(세금 0원) 혜택을 받는다. 같은 이자라도 내 주머니에 들어오는 돈이 다르다.

[실전: 자산 불리기] ISA로 테슬라와 미국 테크 기업 사기: 세금 22% 낼래, 0원 낼래?

풍차 돌리기로 시드머니가 모였다면, 이제는 불릴 차례다. "소장님, ISA에서는 미국 주식 직접 매수가 안 되는데요?" 맞다. 하지만 방법이 있다. 바로 한국 증시에 상장된 '미국 ETF'를 사는 것이다.

무엇을 사야 하는가?

테슬라를 사고 싶다면 TIGER 테슬라채권혼합, ACE 테슬라밸류체인 등 국내 상장 ETF를 ISA 계좌에서 매수한다. 미국 기술주 전체를 사고 싶다면 TIGER 미국테크TOP10, KODEX 미국나스닥100TR 등을 매수한다.

절세 효과 시뮬레이션

- 해외 직구(일반 계좌): 테슬라로 1,000만 원 수익 시→세금 약 165만 원 납부(공제 250만 원 제외 후 22%).
- ISA 계좌: ETF로 1,000만 원 수익 시→세금 0원(비과세 한도 내) 또는 약 80만 원(9.9% 분리과세).
- 결론: 같은 수익을 내도 ISA를 쓰면 세금을 절반 이하로 줄일 수

있다. 이것이 부자들의 세금 방어술이다.

[최종 전략] 투 트랙(Two-Track)으로 가라

돈을 버는 것도 중요하지만, '지키고 불리는 시스템'을 만드는 것이 더 중요하다.

ISA 계좌(연 2,000만 원 한도)

예금 풍차 돌리기로 시드머니를 모으고(비과세 혜택), 국내 상장 미국 ETF를 모아 수익을 극대화하라(절세 효과).

해외 주식 계좌

ISA 한도를 넘어서는 자금이나, 테슬라(TSLA), 마이크로스트래티지(MSTR) 같은 개별 종목을 직접 모을 때 활용하라(달러 자산 확보). 이 시스템이 당신의 자산을 눈덩이처럼 굴려줄 것이다.

[Action Plan] 지금 당장 실천하기:
37년 베테랑 금융인이 알려주는 'ISA 개설의 비밀'

아는 것과 하는 것은 다르다. 이 페이지를 펴놓고 그대로 따라 하라. 은행 창구 37년 경력의 노하우로, 금융사 직원들이 절대 먼저 알려주지 않는 꿀팁을 전수하고자 한다.

①방법 1. [창구 방문] "직원에게 딱 이 한 마디만 하세요!"

스마트폰이 어려운 부모님 세대나 대면 처리를 원하는 경우에는 주거래 금융기관을 찾아간다. 신분증(주민등록증 또는 운전면허증)을 지참하여 가까운 주거래 은행(KB국민 등) 또는 증권사(KB증권 등) 지점을 방문하면 된다.

- 핵심 멘트(별표 다섯 개 ★★★★★):

자리에 앉자마자 이렇게 말하라. "ISA '중개형' 하나 만들어주시고, 거기로 예금이나 ETF 할 수 있게 해주세요."

여기서 주의해야 할 사항이 있다. 그냥 "예금 들어주세요"라고 하면, 직원은 십중팔구 실적에 도움 되는 '일반 정기예금(세금 15.4% 떼는 상품)'을 권한다. 반드시 "ISA 계좌 안에서 굴려주세요"라고 명확히 요구해야 내 세금을 지킬 수 있다. 내 절세 혜택은 내가 챙겨야 한다.

②방법 2. [비대면] "집에서 5분 만에 세금 도둑 잡기"

은행 갈 시간이 없거나, ETF 거래를 더 편하게 하고 싶다면 스마트폰으로 해결하라(예시: KB금융그룹 기준/타 금융사도 메뉴는 비슷하다).

[선택 A: 은행 앱을 쓴다면]

- 앱: KB스타뱅킹 (주거래 은행 앱)
- 경로: 검색창에 'ISA' 입력→[ISA 다모아(중개형)] 가입

[선택 B: 증권사 앱을 쓴다면] (★추천)

주식 거래가 익숙하다면 증권사 앱이 더 편리하다.

- 앱: KB증권 'M-able(마블)' (또는 주거래 증권사 앱)
- 경로: 메뉴 상품/연금 ISA [중개형 ISA 개설]
- 장점: ETF 매매 수수료 평생 우대 등 증권사만의 혜택이 더 많은 경우가 있다.

[공통 진행 순서]

- 가입: 신분증 촬영 후 절차대로 진행(5분 소요)

- 입금: 개설된 ISA 계좌로 돈 이체(연간 2,000만 원 한도)
- 매수: 안전형은 '정기예금' 검색 후 가입, 투자형은 'ETF' 검색 후 'ACE 테슬라…', 'TIGER 미국테크…' 등 매수.

③마지막 꿀팁

은행으로 만드나 증권사로 만드나 세금 혜택(200만 원 비과세)은 똑같다. 중요한 건 '어디서' 만드느냐가 아니라, '지금 당장' 만드느냐이다. ISA는 가입 시점부터 3년 만기가 카운트된다. 오늘 터놔야 하루라도 빨리 목돈을 만질 수 있다. 미루지 말자. 세금을 아끼는 것, 그것이 수익률 10%를 더 올리는 것보다 쉽고 확실한 투자다.

[심화 가이드] 테슬라, '주식 앱'에서 살까? 'ISA'로 살까?: 수익률을 갉아먹는 세금, 22% 낼래? 9.9% 낼래?

많은 분들이 묻는다. "소장님, 테슬라 좋은 건 알겠는데, 그냥 토스나 키움증권(해외주식)에서 달러로 사는 게 낫나요, 아니면 ISA 계좌에서 사는 게 낫나요?"

결론은 '둘 다 장단점이 있지만, 월급쟁이 투자자라면 ISA가 무조건 유리하다'이다. 가장 큰 이유는 세금 때문이다. 1억을 벌었을 때 세금 차이만 수백만 원이다. 여기, 헷갈리는 두 투자법의 차이를 표 한 장으로 정리했다.

[비교] 해외주식 직구 vs. ISA 계좌(국내 ETF)

구분	A. 해외주식 앱(직구)	B. ISA 계좌(중개형)
사는 것	TSLA(미국 본주)	TIGER/ACE 테슬라(국내 ETF)
화폐	달러($)(환전 필요)	원화(₩)(환전 불필요)
세금	수익 250만 원 공제 후 22%	200만 원 비과세 후 9.9%
투자 한도	무제한(내 돈 있는 만큼)	연 2,000만 원(5년 최대 1억)
매수 비중	100% 가능	100% 가능 (연금저축과 달리 제한 없음)
장점	달러 자산 확보, 온전한 주주권	압도적인 세금 절약(절반 이하)
단점	세금이 비쌈(금융소득종합과세 제외)	3년 의무 가입, 입금 한도 있음

팩트 체크: "ISA는 100% 못 담는다?"

아니다. 많은 분들이 퇴직연금(IRP)과 혼동한다. 퇴직연금은 위험 자산 한도가 70%로 묶여 있지만, ISA(중개형)는 한도가 없다. 원한다 면 계좌에 넣은 돈 100%로 테슬라 ETF를 풀 매수할 수 있다.

[선택] 나에게 맞는 옷은?

TYPE A. '나는 시드머니가 크고(억 단위), 달러를 갖고 싶다'

해외주식 앱(직구)을 선택하라. ISA의 연간 2,000만 원 한도가 답답할 수 있다. 세금을 22% 내더라도 '강달러'의 수혜를 누리고, 미국 시장의 본주(TSLA)를 모아가는 것이 유리하다.

TYPE B. '나는 월급 모아 투자하고, 세금 아끼는 게 중요하다'(대다수)

ISA 계좌를 선택하라. 수익이 1,000만 원 났을 때, 직구는 세금을 약 165만 원 내지만, ISA는 약 79만 원만 낸다. 세금이 절반 이하다. 테슬라 ETF도 본주 가격을 거의 똑같이 따라가므로 수익률 차이는 크지 않다.

[신동일 소장의 꿀팁] "국가가 준 그릇부터 채우라"

테슬라에 투자하고 싶은 당신, 세금 때문에 머리가 아플 수 있다. 나의 전략은 심플하다.

1순위: ISA 계좌 꽉 채우기

연간 2,000만 원까지는 무조건 ISA 계좌를 채워서 국내 상장 테슬라

ETF를 사라. 세금을 9.9%로 막아주는 강력한 방패이다.

2순위: 넘치는 돈은 직구로

ISA 한도(연 2천만 원)를 다 채운 뒤에, 여유 자금으로 해외주식 앱에서 테슬라 본주(TSLA)를 사 모으라.

순서가 중요하다. 국가가 서민 부자 되라고 만들어준 세금 혜택 그릇(ISA)부터 꽉 채우고, 그다음 내 그릇을 키우자.

46장

[절약 채굴]

치킨 배달비 한 달만 아껴도
미래가 바뀐다

| 당신은 지금 200만 원의 가치를 길바닥에 버리고 있다

많은 사람들이 "종잣돈 모을 돈이 없다"고 하소연한다. 하지만 당신이 무심코 누르는 '배달 주문' 버튼 속에 경제독립의 씨앗이 숨어 있다면 믿겠는가? 여기 충격적인 계산 결과가 있다. 이 숫자를 보고 나면, 당신은 다시는 예전처럼 배달 앱을 켤 수 없을 것이다.

[팩트 폭격] 배달비 4,000원의 진실:
"고작 4,000원이라고? 천만의 말씀이다"

우리는 치킨 한 마리를 시킬 때 배달비 3,000원~4,000원을 대수

롭지 않게 여긴다. 편하니까 낸다고 생각한다. 하지만 금융인의 눈
으로 보면 이것은 '자산 파괴 행위'다.

[충격 비교] 배달비 4,000원을 은행 이자로 받으려면?

현재 파킹통장이나 CMA 금리가 연 3% 수준(세전)이다. 가만히 앉
아서 한 달에 이자 4,000원(세후)을 받으려면, 원금을 얼마나 넣어둬야
할까? 필요한 원금은 1,900,000원이다. 놀랍지 않은가? 현금 190만
원을 은행에 한 달 내내 묶어둬야 겨우 받을 수 있는 소중한 이자 수
익을, 우리는 고작 귀찮음을 핑계로 낭비하고 있는 것이다.

배달비 4,000원 지출은 내 자산 190만 원이 한 달간 일한 대가를
공중분해 시키는 행위다. 반면 직접 포장(픽업)은 내 다리로 10분 걷
고, 190만 원의 자산 가치를 방어하는 행동이다.

[행동 수칙] "5분 거리, 직접 가서 가져오라":
운동하고, 돈 벌고, 테슬라 산다(1석 3조)

경제독립군의 행동 강령은 간단하다. '걸어서 갈 수 있는 거리는
(도보 10분 내외), 무조건 포장 주문한다.' 요즘 배달 앱(배민, 요기요 등)이나
네이버 주문으로 포장/방문을 선택하면 배달비가 0원인 것은 물론,

가게에 따라 1,000원~2,000원을 추가 할인해 주기도 한다.

포장 픽업의 마법 같은 효과

- 현금 채굴: 배달비 4,000원+포장 할인 1,000원=5,000원 수익
  창출.
- 건강 채굴: 왕복 20분 걷기 운동(혈당 스파이크 방지).
- 미래 채굴: 아낀 5,000원으로 돌아오는 길에 스마트폰을 켜서
  비트코인 0.00005개 매수.

[시뮬레이션] 치킨이 아니라 황금알을 낳는 거위다

'에이, 그래봤자 5,000원인데'라는 생각이 아직도 남아 있는가? 한 달에 4번, 주말마다 치킨/피자 배달 대신 포장을 했다고 가정해 보자.

월 절약액은 5,000원×4회=20,000원이다. 10년 투자(연수익률 20% 가정)로 환산해 보면, 테슬라나 비트코인에 매월 2만 원씩 적립 시→ 10년 뒤 약 760만 원~1,000만 원.

당신이 귀찮음을 이기고 걸었던 그 10분의 발걸음들이 모여, 10년 뒤 당신에게 '중고차 한 대 값' 혹은 '명품 가방 하나 값'을 선물해 준다.

[신동일 소장의 제안]

오늘 저녁, 치킨이 먹고 싶은가? 그렇다면 운동화 끈을 묶으라. 현관문을 나서는 순간, 당신은 소비자가 아니라 '생산자'가 되는 것이다. 가족과 함께 밤공기를 마시며 치킨을 받아오는 그 길, 손에 들린 치킨보다 더 묵직한 '경제독립의 뿌듯함'을 느끼게 될 것이다.

치킨을 픽업하러 나가는 그 10분의 시간조차 허투루 쓰지 않는 것, 그것이 경제독립군의 자세다. 걷는 김에 돈도 벌고, 건강도 챙겨서 병원비도 아끼는 완벽한 '1석 3조 전략'이다.

서울시의 9988 손목닥터부터 전 국민 필수템 K-패스까지, 독자들의 스마트폰을 '채굴기'로 바꿔줄 [건강 채굴] 파트로 넘어가 보자.

47장

[건강 채굴]

걷기만 해도 돈이 쏟아진다

| 내 몸 챙기고 월 10만 원 더 버는 '1석 3조'의 기술

앞서 우리는 배달비를 아끼기 위해 운동화 끈을 묶었다. 그런데 잠깐, 그냥 빈손으로 걷기만 할 것인가? 당신이 발을 내디딜 때마다 스마트폰에서 "짤랑, 짤랑" 하고 동전 쌓이는 소리가 들려야 정상이다.

정부와 기업들이 국민 건강을 위해 뿌리는 돈이 매년 수천억 원에 달한다. 게으른 사람에게는 그저 남의 이야기지만, 부지런한 우리에게는 길바닥에 떨어진 돈을 줍는 것과 같다. 스마트폰에 앱 몇 개만 깔면, 한 달에 10만 원 상당의 현금 채굴이 가능하다. 이 돈으로 내 건강도 챙기고, 테슬라 주식도 살 수 있다면? 안 하는 것이 손해다.

①[서울시민 필수] 손목닥터 9988: 세금 낸 만큼 받아가라!

서울시에 산다면 무조건 하라. 비싼 스마트워치가 없어도 상관없다. 휴대폰만 들고 걸으면 서울시가 현금처럼 쓸 수 있는 포인트를 준다.

- 혜택: 걷기 미션, 식단 입력 등으로 연간 최대 10만 포인트(10만 원) 적립.
- 사용처: '서울페이'로 전환하여 편의점, 약국, 병원, 학원, 동네 슈퍼에서 현금과 똑같이 사용 가능하다.
- 지방은요?: 부산(동백통 헬스케어), 대구(대구로), 광주(상생카드) 등 각 지자체 보건소마다 유사한 걷기 챌린지가 있다. 내가 사는 시청 홈페이지를 지금 검색하라.

②[국민 앱테크] 캐시워크 & 토스 만보기: 티끌 모아 주식 산다

"걸으면 10원, 20원 주는 거 언제 모으냐"고 무시하지 마라. 출퇴근 길, 점심시간 산책길, 치킨 픽업 가는 길에 앱을 켜두기만 하면 된다.

- 캐시워크/모니모/토스: 하루 만 보를 걸으면 약 100~200원 상당의 포인트가 쌓인다. 앱 3개를 동시에 돌리면 효과는 3배이다.
- 활용법: 한 달이면 커피 2~3잔 값(약 1만 원)이 모인다. 이 포인트로 '스타벅스 쿠폰'이나 '편의점 상품권'을 살 수 있다.

- 경제독립군의 치트키: 쿠폰으로 커피를 마시고, 원래 내 지갑에서 나갔어야 할 현금 5,000원을 아껴서 그 돈으로 비트코인을 산다. 이것이 포인트의 진짜 사용법이다.

③[교통비 방어] K-패스: 걷는 자에게 주는 보너스

걷다 보면 대중교통을 이용하게 된다. 이때 나라에서 교통비를 환급해 준다. 신청 안 하면 0원, 신청하면 연간 수십만 원이다.

- 혜택: 월 15회 이상 대중교통 이용 시 지출 금액의 20%~53% 환급.
- 수익: 일반인 기준 월평균 1만 5천 원~2만 원이 내 통장에 현금으로 다시 들어온다(청년층과 저소득층은 혜택이 더 크다).

④[동네 한 바퀴] 우리 동네 보건소 챌린지(워크온)

많은 분들이 모르는 꿀팁이다. '워크온(WalkOn)' 앱을 설치하면, 각 구청 보건소나 기업에서 주최하는 '지역 걷기 챌린지'에 참여할 수 있다.

- 예시: ○○구 둘레길 완주 시 모바일 상품권 1만 원 증정(선착순)
- 기회: 생각보다 참여자가 적어 당첨 확률이 매우 높다. 주말에 가족과 나들이도 하고 외식 상품권도 챙기자.

[팩트 체크] 건강 앱테크, 한 달에 얼마 벌까?

자, 이렇게 소소하게 챙긴 혜택들을 합치면 얼마나 될까?

건강 채굴 월 수입 시뮬레이션

구분	앱/프로그램	월 환산 수익 (가치)	비고
지자체	서울 손목닥터 9988	약 8,300원	연 10만 원÷12개월
교통	K-패스 환급	약 15,000원	청년층은 더 높음
앱테크	캐시워크/토스 등 3종	약 10,000원	커피 2잔 값 방어
건강효과	병원비/약값 절감	약 30,000원	감기 한 번만 안 걸려도 이득
간식방어	야식 대신 산책	약 40,000원	치킨 2마리 값 절약
합계	"이 돈이면 충분하다"	약 103,300원	매월 비트코인 0.001개 매수 가능!

건강한 신체에 건전한 자산이 깃든다

독자 여러분, 이 10만 원은 하늘에서 떨어진 공짜 돈이 아니다. '성실한 땀방울(Movement)'이 만들어낸 정직한 가치이다. 대부분의 사람은 만보기 포인트로 편의점 과자를 사 먹고 끝낸다. 그건 '소비'다. 하지만 우리 경제독립군은 다르다. '앱테크로 커피값을 방어했으니, 내 통장에 굳은 5,000원은 테슬라 주식을 사야지.' 이것이 '투자'다.

지금 운동화 끈을 동여매라. 여러분의 한 걸음 한 걸음은 뱃살을 빼는 유산소 운동이자, 미래의 부를 쌓아 올리는 가장 확실한 채굴 활동이다. 건강을 잃으면 100억 자산도 소용없다. 지금 걷는 것이 곧 돈을 버는 길이다.

> **[신동일 소장의 특별 긴급 미션] "독립군! 혹시 '이것' 챙겼소?"**
>
> 내 말은 지금 저기 금융기관 전산망 깊은 곳에서 주인을 하염없이 기다리며 잠자고 있는 '휴면예금'과 '카드포인트' 말이오! 왜 귀관의 소중한 군자금을 차가운 금고 속에 그대로 방치해두는 거요? 그 돈은 그냥 두면 사라져 버릴지도 모르는 돈이오. 그것은 공돈이 아니오. 과거의 귀관이 피땀 흘려 벌어, 미래의 귀관에게 보낸 '비상 식량'이자 '승리를 위한 실탄'이란 말이오!
>
> 지금 당장 주머니에서 스마트폰이라는 무기를 꺼내시오. 단 10분이면 되오. 잊고 지냈던 우리의 소중한 자산을 단 1원도 남기지 말고 모조리 회수하여, 지금 당장 '경제독립 전선(투자)'에 투입하시오!
>
> 이것은 부탁이 아니오. 우리 가족의 미래를 위한 특명이오! 지금 당장 '어카운트인포' 앱을 켜시오! 실시!

[실전 꿀팁] 어카운트인포 사용법: 10분 만에 끝내는 '숨은 돈 찾기' 작전. '복잡한 건 딱 질색인 당신을 위한 초간단 매뉴얼'

이것저것 깔 필요 없다. 딱 이 순서대로만 누르자. 당신의 손가락 터치 몇 번에, 잊고 있던 비상금이 쏟아진다.

1단계. [접속] 작전 본부 입장하기

①설치: 구글 플레이스토어(삼성폰)나 앱스토어(아이폰)에서 '어카운트인포'를 검색해 앱을 설치한다.

②로그인: 복잡한 공인인증서가 없어도 된다. '바이오정보(지문/페이스ID)'나 '간편비밀번호(6자리)'로 10초 만에 로그인하라.

앱 하나로 은행, 카드, 보험, 대출까지 대한민국 모든 금융 정보를 한눈에 볼 수 있다.

2단계. [수색] 흩어진 은행 돈 회수하기(계좌통합관리)

①메뉴 선택: 메인 화면 하단의 [계좌] 또는 [내 계좌 한눈에] 버튼을 누른다.

②조회: 은행권, 제2금융권(저축은행/상호금융), 증권사 탭을 차례로 눌러 보라.

③발견: '비활동성 계좌'라고 표시된 항목이 보이면 '심봤다!'를 외치자. 휴면 계좌다.

④회수(가장 중요★): 해당 계좌를 누르고 [잔고 이전]→[본인 계좌로 입금]을 선택한다. 수수료 없이 즉시 내 주거래 통장으로 돈이 들어온다.

3단계. [보너스] 카드 포인트 현금으로 바꾸기(1포인트=1원)

①메뉴 선택: 메인 화면에서 [카드 포인트 현금화] 메뉴를 찾는다.

②일괄 조회: [한 번에 조회하기]를 누르면 내가 가진 모든 카드의 포인트가 합산되어 나온다.

③현금 입금: [전부 입금 신청] 버튼을 누른다. 이렇게 하면 자투리 포인트까지 1원 단위로 탈탈 털어서 내 통장에 현금으로 꽂힌다. 이 포인트는 빵을 사 먹기 위한 용도가 아니다. 현금으로 받아서 비트코인을 사자.

4단계. [확인] 작전 성공! 이제 무엇을 해야 할까?

자, 이제 은행 앱을 켜서 입금 내역을 확인해 보라. '금융결제원' 또는 '카드 포인트'라는 이름으로 돈이 들어와 있을 것이다.

- 10만 원 미만: 오늘 저녁 치킨값 벌었다(X), 비트코인 소수점 매수(O)
- 50만 원 이상: 횡재했다(X), 테슬라 1주 매수(O)

귀관은 방금 적들의 창고에서 우리의 소중한 독립 자금을 탈환했다. 이 돈은 절대 소비하지 말고, 즉시 투자의 전선으로 보내라!"

<3.1 경제독립TV> '숨은 돈 100만 원 찾기! 어카운트인포 10분 컷 따라하기' 영상으로 보기.

48장

[현금 채굴 2]

잠자는 자녀 세뱃돈을 구출하라!

| 0.1% 통장에 아이의 미래를 가두는 것은 '금융 유기'다

명절이 지나고 나면 아이들의 주머니는 두둑해진다. 할머니, 할아버지, 삼촌, 이모가 쥐여준 세뱃돈과 용돈들. 보통 이 돈의 운명은 어떻게 되나? "엄마가 맡아줄게"라는 말과 함께 부모의 지갑으로 사라지거나, 아이 이름으로 만든 입출금 통장(일명 뽀로로 통장)에 들어가 연 0.1% 이자를 받으며 깊은 잠에 빠진다.

나는 은행 창구에서 37년을 일하며 이런 안타까운 장면을 수없이 목격했다. 자녀 청약통장을 만들러 온 부모에게 "아이 앞으로 다른 계좌도 조회해 드릴까요?" 하고 물으면, 십중팔구 잊고 있었던 통장이 튀어나온다. 적게는 몇 십만 원에서 많게는 수백만 원까지. 아이가 어릴 때 받은 돌 반지 판 돈, 입학 축하금 등이 수년째 방치되어 먼지만 쌓여 있는 것이다.

경제독립군 부모님들에게 단호하게 말한다. 이는 저축이 아니다. 인플레이션 시대에 아이의 돈을 녹아내리게 만드는 '금융 방임'이자 '유기'이다.

[팩트 폭격] 0.1% 통장 vs. 테슬라 주주명부: 10년 뒤, 아이가 받게 될 성적표의 차이

아이가 7살 때 받은 세뱃돈 100만 원을 17살 고등학생이 될 때까지 10년간 보관했다고 가정해 보자.

게으른 부모(입출금 통장 방치)

- 보관처: 연 0.1% 수시입출금 통장
- 10년 후: 원금 100만 원+이자 약 1만 원=101만 원
- 결과: 그 사이 짜장면 값은 2배 올랐다. 아이의 돈은 구매력이 반토막 났다. 사실상 돈을 잃은 것이다.

깨어 있는 부모(테슬라/비트코인 투자)

- 보관처: 테슬라(TSLA) 또는 비트코인(BTC)

- 10년 후: (보수적으로 10배 성장 가정 시) 1,000만 원

- 결과: 아이는 고등학교 졸업 선물로 1,000만 원이라는 시드머니를 쥐게 된다. 대학 등록금 걱정이 사라지거나, 사회초년생이 될 때 남들보다 1,000만 원 앞서 출발한다.

[Action Plan] 흩어진 아이 돈, 이렇게 모으라!

지금 당장 아이의 서랍을 뒤지고, 부모 자신의 기억을 되살려 보라.

STEP 1. 아이 계좌 전수 조사

부모의 스마트폰(어카운트인포)이나 은행 창구에서 '미성년 자녀 계좌 조회'를 요청한다(가족관계증명서 필요). 이렇게 여기저기 흩어진 1만 원, 2만 원짜리 자투리 통장들을 모두 해지해서 하나의 '투자 전용 계좌'로 모으라. 나의 경험상, 이렇게 모으면 평균 100만 원 이상의 목돈이 만들어진다.

STEP 2. 부모의 '매칭 그랜트'(1+1 전략)

아이 돈만으로는 부족해 보인다면, 부모가 나설 수밖에 없다. "네가 모은 세뱃돈 50만 원에, 아빠가 50만 원을 더해서 딱 100만 원 채워줄게. 대신 이건 절대 찾지 말고 10년 뒤에 열어보자." 아이에게는 저축의 동기를 부여하고, 투자금은 두 배로 불어난다.

STEP 3. 즉시 매수(타이밍 재지 마라)

돈이 모였다면 망설일 이유가 없다. 당장 쓸 돈이 아니기에 10년을 묻어둘 수 있는 가장 좋은 자금이다. 오늘 밤, 아이와 함께 스마트폰을 켜고 테슬라 3주, 혹은 비트코인 0.01개를 시장가로 매수하라.

돈 대신 '자본가 마인드'를 선물하라

부모들이 아이 돈을 투자해 주지 못하는 가장 큰 이유는 '혹시 잃으면 어떡하지?'라는 두려움 때문이다. 하지만 생각해 보라. 원금을 지킨답시고 0.1% 통장에 넣어두는 것이야말로 100% 확실하게 벼락거지가 되는 길이다.

설령 테슬라 주가가 반토막이 난다고 해도, 아이는 그 과정을 통해 '주식은 변동성이 있구나', '장기적으로는 우상향하는구나'라는,

돈으로 살 수 없는 '금융 IQ'를 얻게 된다.

지금 잠자고 있는 아이의 세뱃돈을 깨우라. 그 돈이 10년 뒤 아이를 지켜줄 거대한 경제독립군으로 자라나게 하라. 부모가 움직여야, 아이의 미래가 바뀐다.

49장

[현금 채굴 3]

장롱 속 비상금의 커밍아웃

| "여보, 그동안 고생했어. 이 돈으로 우리 노후를 사자"

부부 사이에는 말 못 할 비밀이 하나씩 있다. 바로 비상금이다. 남편은 용돈을 아껴 서재 책갈피에, 아내는 생활비를 쪼개 부엌 찬장 깊은 곳이나 비밀 통장에 돈을 숨겨둔다. 왜 숨길까? 나쁜 짓을 하려고? 아니다. 혹시 모를 사고, 갑작스러운 목돈 지출, 그리고 불안한 미래에 대비하기 위한 본능적인 방어기제다.

하지만 이 책을 읽은 지금, 우리는 깨달았다. 어둠 속에 숨겨둔 현금은 인플레이션이라는 좀벌레에 의해 서서히 갉아 먹히고 있다는 사실을. 이제 그 돈을 빛으로 꺼내야 한다.

"사랑하는 당신을 위해, 이 돈이 썩게 놔둘 순 없어." 오늘 저녁,

부부가 서로에게 건네는 이 한 마디가 우리 가족의 운명을 바꾼다.

①[상황극] 오늘 저녁, 식탁 위의 고백

Case A. 남편의 고백: "술값 아껴 모은 돈이야"

퇴근한 남편이 식탁 위에 봉투 하나를 올려놓는다. "여보, 당신 그동안 낡은 코트 입고 다니는 거 보면서 마음이 아팠어. 사실 이거, 내가 지난 3년간 담배 끊고 술자리 줄여서 모은 300만 원이야. 원래는 나중에 근사한 가방 하나 사주려고 했는데, 책을 보고 생각이 바뀌었어. 가방은 낡지만, 테슬라 주식은 낡지 않는데. 이 돈으로 우리 노후를 지켜줄 테슬라를 사자. 그동안 고생 많았어."

Case B. 아내의 고백: "당신 어깨의 짐을 덜어주고 싶었어"

아내가 남편에게 낡은 통장 하나를 건넸다.

"여보, 당신 매일 야근하고 힘들어하는 거 알아요. 혹시 당신 회사 그만두게 되면 쓰려고 생활비 쪼개서 모은 500만 원이에요. 그런데 이 돈 그냥 두면 똥값 된대요. 우리 이 돈으로 비트코인 사요. 당신 혼자 고생하지 않게, 이 돈이 24시간 일해서 우리를 지켜주게 만들자고요."

②[팩트 체크] 비상금 500만 원의 기회비용

부부가 각자 딴주머니에 500만 원씩, 총 1,000만 원을 숨겨두고 10년을 보냈다고 가정해 보자.

장롱 속 현금은 10년 뒤에도 1,000만 원이다(물가 상승 감안 시 가치는 700만 원 수준으로 하락). 이야말로 안전하게 가난해지는 길이다. 반면 경제독립 자금으로 투입하여, 10년 전 1,000만 원으로 엔비디아나 테슬라를 샀다면?(최소 10배~50배 성장 가정) 이 돈은 1억 원~5억 원의 노후 자금으로 성장한다. 숨겨둔 돈은 비상금이지만, 합쳐서 투자한 돈은 '구원금'이 된다.

③[Action Plan] 부부 공동 투자 계좌 만들기

숨겨둔 돈을 꺼내는 것이 어색하다면, 이렇게 제안하라. "여보, 내가 『우리 가족 경제독립 선언서』라는 책을 봤는데, 우리도 이거 한번 해보자. 당신 몰래 모은 돈 있으면 다 가져와 봐. 나도 다 오픈할게."

이렇게 마음이 통하면, 부부 중 한 사람 명의(또는 자녀 명의)로 '경제독립 전용 계좌'를 만든다(공동 계좌 개설). 비상금을 합친 돈으로 테슬라와 비트코인을 매수하고, 비밀번호를 공유한 뒤 "이건 10년 뒤 우리 은퇴 여행 자금이다"라고 선언하라.

④가장 위대한 선물은 '함께 꾸는 꿈'이다

배우자에게 샤넬 백 사주기, 남편에게 새 차 뽑아주기, 물론 좋다. 하지만 "당신의 노후는 내가 책임질게" 하며 내 비상금을 털어 혁신 기업의 주식을 사주는 것만큼 로맨틱하고 든든한 선물은 없다.

지금 장롱 문을 열고 먼지 쌓인 봉투를 꺼내라. 그리고 배우자의 손을 잡고 말하라. "여보, 이 돈이 우리 대신 일하게 하자. 우리 이제 돈 걱정 없이 살아보자."

[신동일 소장의 마지막 꿀팁] 부끄러움이 많은 당신을 위한 제안: 몰래 키워 '서프라이즈' 하거나, 함께 키워 '전우애'를 다지거나

혹시 식탁 위에 돈 봉투를 꺼내놓기가 너무 쑥스러운가? 아니면 "당신 나 몰래 돈 모았어?"라는 잔소리가 두려운가? 괜찮다. 방법은 두 가지다.

Plan A. '나만의 비밀 정원 가꾸기'(서프라이즈 전략)

굳이 지금 공개하지 않아도 된다. 대신 장롱 속 현금을 조용히 꺼내, 나만의 '시크릿 투자 계좌'에 넣으라. 그리고 아무도 몰래 테슬라와 비트코인이라는 나무를 심고 키우라. 5년, 10년 뒤 부부에게 정말 목돈이 필요한 순간, 혹은 은퇴 기념 여행을 가야 할 때 짠 하고 내놓으라. "여보, 이거 내가 당신 몰래 키운 거야. 우리 이걸로 유럽 여행 가자." 그때 당신은 세상에서 가장 멋진 배우자가 될 것이다.

Plan B. '경제독립 원팀 결성하기'(추천 전략)

하지만 더 추천하는 방법은 공개 선언이다. 비상금을 합치면 종잣돈이 커지고, 종잣돈이 커지면 불어나는 속도도 빨라진다. 무엇보다 서로가 서로의 러닝메이트가 되어주기 때문에 중도에 포기하지 않게 된다. "우리 가족의 미래를 위해, 내 쌈짓돈까지 다 태웠어!" 이 비장한 각오가 가족을 하나로 묶어주는 가장 따뜻한 끈이 된다.

망설이지도 미루지도 마라. 몰래 하든, 함께 하든 중요한 것은 지금 당장 썩고 있는 돈을 살려내는 것이다. 늦었다고 생각하는 지금이, 남은 인생에서 가장 빠른 때이다.

50장

아날로그와 디지털의 황금 조화: 100억 부자의 기록법

| 꿈은 손으로 쓰고, 돈은 앱으로 관리하라

"소장님, 요즘이 어떤 시대인데 종이에 쓰나요? 스마트폰 앱이 훨씬 더 편해요." 많은 분들이 이렇게 항변한다. 맞다. 기록의 편의성은 스마트폰이 압도적이다. 하지만 나는 단언한다. '뇌의 각인(Imprinting)'은 손글씨를 따라올 수 없다.

반면, 매분 매초 변하는 자산 현황을 종이에 적는 것은 비효율적이다. 그래서 나는 경제독립군에게 '이원화 전략'을 제안한다. 10년 뒤 100억 부자가 될 나의 거대한 꿈은 〈마이라이프북〉에 손으로 새기고, 당장 오늘의 자산 변동은 〈자산관리 앱〉으로 스마트하게 체크하라. 이것이 가장 완벽한 기록법이다.

[아날로그] 110억을 포기하고 만든 보물지도, 〈마이라이프북〉: 뇌과학이 증명한 성공의 비밀, "쓰면 이루어진다"

나는 2015년, 당시 보유 중이던 엔비디아 주식을 전량 매도해 3,000만 원을 만들었다. 그리고 그 돈으로 〈마이라이프북〉을 제작했다. 만약 그때 엔비디아를 팔지 않았다면 지금 평가금액은 110억 원이 넘었을 것이다. 하지만 나는 후회하지 않는다. 이 다이어리에 자신의 꿈을 적고 경제독립을 이룬 수천 명의 '독립군'을 얻었기 때문이다.

①뇌를 깨우는 스위치, RAS의 비밀

뇌과학에는 '망상활성계(RAS)'라는 것이 있다. 우리가 펜을 쥐고 종이에 꾹꾹 눌러 글씨를 쓸 때, 뇌의 여러 영역이 동시에 자극받으며 '이것은 정말 중요한 정보구나!'라고 인식한다. 즉, '나는 2030년에 100억 부자가 된다'라고 손으로 적는 순간, 당신의 뇌는 그 목표를 달성하기 위해 온 신경을 집중하기 시작한다.

②적자생존: 적는 자만이 살아남는다

미국 도미니칸 대학의 연구 결과, 목표를 손으로 기록한 그룹이 그렇지 않은 그룹보다 성취율이 무려 42%나 높았다. 디지털 기기는 수정과 삭제가 너무 쉽다. 반면, 종이에 쓴 글은 쉽게 지워지지 않는 불가역성이 있어 우리에게 무거운 책임감과 실행력을 부여한다. 이 작은 수첩 하나가, 당신의 10년 뒤를 바꿀 것이다.

경제독립 행복한 부자가 되는 5단계 원리(마이라이프북)

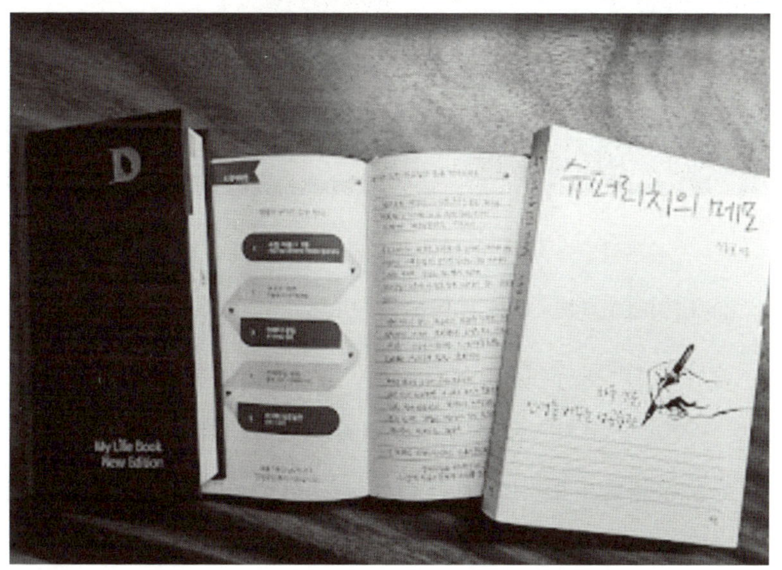

③<마이라이프북> 어떻게 받을 수 있나요?

서점에서는 살 수 없다. 오직 경제독립군 동지들을 위해 준비했다.

- 멤버십 가입: 유튜브 〈3.1 경제독립TV〉 채널에서 '멤버십(가입)' 버튼을 눌러라. 커피 한 잔 값으로 후원해 주는 찐팬 동지들에게 감사의 마음을 담아 보낸다.

- 이벤트 참여: 매주 진행되는 퀴즈나 댓글 인증 이벤트에 참여하라. 열정적인 동지들을 선정하여 집으로 보내준다.

[디지털] 내 손안의 재무 비서 자산관리 앱 3대장 활용법: 100억 자산가도 장부는 앱으로 쓴다

자, 큰 꿈은 다이어리에 적었다. 그렇다면 매일매일 변하는 내 돈은 어떻게 관리할까? "소장님, 가계부 쓰는 게 너무 귀찮아요." 이해한다. 나도 귀찮다. 그래서 우리는 기술을 써야 한다. 스마트폰에 있는 '자산관리 앱(마이데이터)'을 활용하면, 내가 자고 있는 동안에도 AI가 내 자산의 변동을 실시간으로 기록해 준다.

흩어진 은행 계좌, 증권 계좌(테슬라), 코인 지갑(비트코인), 대출, 카드값까지 한 화면에 모아서 보여주는 '나만의 상황판'을 만들어라. 흐름이 보여야 돈이 모인다.

대한민국 대표 자산관리 앱 3선(특장점 비교)

앱 이름	이런 분께 추천 (강점)	핵심 기능 및 활용법
토스 (Toss)	직관적인 게 최고인 분 (사용자 2,000만 명)	[자산 통합 조회] 은행, 주식, 코인, 대출을 가장 깔끔하게 보여준다. [활용] '자산' 탭에서 매일 아침 내 순자산이 늘었는지 줄었는지 3초 만에 체크하라.
뱅크 샐러드	깐깐한 분석파 (마이데이터 원조)	[가계부&건강] 수입/지출을 1원 단위까지 자동으로 분석해 가계부를 써준다. [활용] 유전자 검사 등 건강 데이터와 연동해 금융+건강을 동시에 챙겨라.
카카오 페이	접근성 중시형 (카톡만 있으면 됨)	[쉬운 공유&송금] 별도 앱 설치 없이 카카오톡 안에서 자산 관리가 가능하다. [활용] 가족끼리 자산 현황을 공유하거나, 지출 내역을 분석할 때 편리하다.

51장

[경제독립 액션플랜]

미션:
쿠팡이츠로 월 100만 원 '군자금' 만들기

| 퇴근 후 3시간, 내 몸을 움직여 미래의 자본을 만든다

여기까지 이 책을 읽고 있다면, 더 이상 "돈 없어서 투자를 못 한다"는 핑계는 댈 수 없을 것이다. 혹시 돈이 부족하다고 느낀다면 여기서 소개하는 방법을 써보라. 튼튼한 두 다리와 스마트폰만 있다면, 오늘 당장이라도 테슬라 1주 살 돈을 벌 수 있다. 이 미션은 단순한 용돈 벌기가 아니다. 100만 원이라는 경제독립 씨앗을 확보하기 위한 치열한 '현금 채굴 작전'이다.

1단계: 작전 준비(D-Day)

시작이 반이다. 복잡하게 생각하지 말고 딱 3가지만 준비하라.

①앱 설치 및 가입

구글 플레이스토어/앱스토어에서 '쿠팡이츠 배달 파트너' 앱을 다운로드한다. 회원가입 후 운송 수단을 선택한다(도보, 자전거, 오토바이, 자가용 중 택 1). 유류비와 보험료가 들지 않고, 운동 효과까지 있는 '전기 자전거'나 '일반 자전거'를 강력 추천한다.

②안전 교육 이수(필수)

앱 내에서 제공하는 온라인 안전보건교육(약 2시간)을 이수해야 배달이 가능하다. PC나 모바일로 수강 가능하며, 이수 시 첫 배달 보너스를 주는 경우도 있으니 꼭 챙기자.

③정산 계좌 등록

힘들게 번 돈이 들어올 통장을 등록한다. 반드시 생활비 통장이 아니라, '투자 전용 계좌(CMA/파킹통장)'로 연결하라. 이 돈은 절대 소비되어선 안 된다.

2단계: 100만 원 달성 시뮬레이션(The Math)

무턱대고 나가지 마라. 목표를 숫자로 쪼개야 달성할 수 있다.

- 목표 금액: 월 1,000,000원

- 평균 건당 수입: 약 4,000~5,000원(피크타임 기준)

- 필요 배달 건수: 약 200~250건

- [실전 스케줄]

  - 평일(월~금): 퇴근 후 저녁 피크타임(18:00~20:00) 2시간 집중/하루 3~4건/월 20일=약 80건.

  - 주말(토/일): 점심/저녁 피크타임 활용 4~5시간 집중/하루 15건 8일=약 120건.

  - 합계: 월 200건 달성/수입 80~100만 원(프로모션 포함 시 초과 달성 가능).

3단계: 실전 배달 노하우(Action)

이제 거리로 나간다. 초보자도 고수처럼 수익을 내는 꿀팁이다. 먼저 피크타임을 노려라(골든타임). 점심(11:00~13:00)과 저녁(17:00~20:00) 에는 기본 배달료가 높고 할증이 붙는다. 같은 시간을 일해도 수익이 1.5~2배 차이가 난다.

악천후는 기회다(Blue Ocean). 비나 눈이 오는 날, 혹은 아주 덥거나 추운 날은 배달료가 폭등한다. 남들이 하기 싫어할 때가 돈을 벌 기회다(단, 안전장비 필수).

동선 최적화도 하나의 꿀팁이다. 내가 잘 아는 동네, 혹은 식당이 밀집한 먹자골목 근처에서 대기하라. 콜을 받을 확률이 비약적으로 높아진다.

4단계: 마무리 및 재투자(Reinvestment)

가장 중요한 단계이다. 배달로 번 돈을 어떻게 쓰느냐가 당신을 '배달원'으로 남게 할지, '자본가'로 만들지를 결정한다.

- 주급 정산 확인: 쿠팡이츠는 매주 정산을 해준다. 들어온 돈을 확인하면 자신을 칭찬해도 좋다.
- 즉시 이체: 정산 받은 돈은 1원도 남기지 말고 미리 개설해 둔 증권 계좌로 이체하라.
- 경제독립 씨앗 파종:

  - 이번 주 배달 수익 25만 원→테슬라 0.5주 매수.

  - 다음 주 배달 수익 25만 원→비트코인 0.002개 매수.

- 세금 관리: 연 소득 1,500만 원 미만이면 세금 부담은 거의 없지만, 5월 종합소득세 신고 기간에 홈택스로 간단히 신고하여 환급받는 것도 잊지 마라.

행동하는 당신을 향한 격려

땀 흘려 번 100만 원은 월급으로 받은 100만 원보다 훨씬 무겁고 가치 있다. 당신이 배달통을 메고 달리는 그 시간은, 단순히 치킨을 배달하는 시간이 아니다. 당신 가족의 미래를 위해 달리는 위대한 독립군의 행군이다. 오늘 저녁, 소파에 눕는 대신 현관문을 박차고 나가 보라. 그리고 그 땀방울을 테슬라와 비트코인으로 바꾸라. 10년 뒤, 그 땀방울은 다이아몬드가 되어 돌아올 것이다.

[장기 프로젝트] 유튜브: 나의 경험을 팔아 '달러'를 버는 시스템: 당장의 돈보다 '나만의 팬덤'을 만드는 위대한 여정

"소장님, 유튜브 하면 돈 많이 버나요?" 이런 질문을 받으면 나는 솔직하게 말한다. 배달 알바처럼 오늘 일해서 내일 돈 받는 구조가 아니다. 나 역시 수익이 나기까지 10년 가까이 걸렸다. 하지만 그럼에도 강력하게 추천하는 이유는 딱 하나다. 유튜브는 늙지 않는 나의 분신이 되어, 내가 잠든 사이에도 전 세계를 돌아다니며 돈을 벌어오기 때문이다.

---

① 레드오션? 아니, '나'라는 채널은 블루오션이다

대한민국 유튜버 중 월 최저임금 이상 버는 사람은 극소수다. 통계만 보면 레드오션이 맞다. 하지만 '나의 이야기'를 하는 채널은 세상에 단 하나뿐이다. 은퇴한 김 부장의 귀농 일기, 30대 짠돌이의 1억 모으기 브이로그. 진솔한 이야기는 반드시 공감을 얻고, 그 공감이 모여 '구독자(팬덤)'가 된다.

② 수익화 조건, 포기하지 않고 뚫는 법

유튜브로 돈을 벌려면(구글 애드센스 승인) 구독자 500명과 시청 시간 3,000시간을 넘어야 한다. 쇼츠(Shorts)부터 시작하는 게 좋다. 1분 미만의 짧은 영상은 편집 부담이 적고 조회수가 쉽게 터진다. '오늘 점심값 아껴서 테슬라 0.1주 샀다!' 같은 인증 영상으로 시작하라. 또한 퀄리티보다 중요한 건 '꾸준함'이다(1일 1영상의 기적). 매일 올리면 유튜브 AI가 당신을 성실한 유튜버로 인식해 노출을 늘려준다.

③ 수익은 '달러'로, 그리고 '확장'으로

유튜브 수익은 달러로 들어온다. 환율이 오르면 내 월급도 오른다. 이 달러를 환전하지 말고 미국 주식에 재투자하라. 복리 효과가 폭발한다. 또한 유튜브가 커지면 강연, 출판 등 생각지 못한 기회들이 쏟아진다. 이것이 진짜 유튜브의 매력이다.

유튜브는 '디지털 건물주'가 되는 길이다. 건물을 짓는 데 시간이 걸리듯, 채널을 키우는 데도 시간이 필요하다. 조급해 하지 마라. 오늘 올린 영상 하나가 10년 뒤에도 연금을 가져다줄 것이다. 지금 당장 카메라를 켜라.

[온라인 무역] 스마트스토어: "재고 없이 내 가게를 열어라": 레드오션이라고? 파도타기 좋은 바다다. 무자본으로 시작하라

"스마트스토어, 이제 끝물 아닌가요?" 하고 많은 사람들이 묻는다. 맞다. 예전처럼 물건만 올리면 팔리는 물반 고기반 시절은 지났다. 하지만 기억하라. 시장이 레드오션이라는 것은 그만큼 '돈이 흐르는 거대한 시장'이라는 뜻이다. 지금도 누군가는 스마트스토어로 월급 이상의 돈을 벌어가고 있다. 중요한 건 리스크 관리다. 우리는 잃을 돈이 없는 사람들이다. 무조건 '무자본, 무재고'로 시작해야 한다.

①전략: 물건은 팔리면 그때 산다(위탁 판매)

초보자가 절대 해서는 안 되는 것이 '사입(재고 확보)'이다. 안 팔리면 그 재고는 고스란히 빚이 된다. 우리는 '위탁 판매(B2B 배송대행)' 전략을 쓴다.

먼저 도매 사이트(도매꾹 등)에 있는 물건 사진을 내 스토어에 올린다. 주문이 들어오면, 나는 도매 사이트에 가서 고객 집으로 배송을 요청한다. 나는 물건을 만져보지도 않고, 중간에서 '마진'만 챙긴다. 리스크가 제로다.

②실전 3단계: 사업자 등록부터 첫 주문까지

겁먹지 마라. 집에서 홈택스로 다 된다.

- 서류 준비: 국세청 홈택스에서 '사업자등록증(간이과세자)'을 신청하고, 정부24에서 '통신판매업 신고증'을 받아라(비용이 거의 들

지 않는다).

- 입점: 네이버 스마트스토어 판매자 센터에 가입하라. 대한민국에서 가장 쉽고 수수료가 저렴한 쇼핑몰이다.
- 상품 소싱: '도매꾹', '오너클랜' 같은 B2B 도매 사이트에서 잘 팔릴 것 같은 물건(계절 상품, 아이디어 상품)을 찾아 내 스토어에 등록하라.

③10개 올려서 1개만 터져도 성공이다

스마트스토어는 확률 게임이다. 처음부터 대박 상품을 찾으려 하지 마라. 자본이 안 드니 밑져야 본전이다.

- 키워드 싸움: 사람들이 네이버 검색창에 뭐라고 칠지 고민하라. '여름 원피스'보다는 '시원한 린넨 롱원피스'가 경쟁이 적고 구매 확률이 높다.
- 상세 페이지: 도매 사이트 이미지를 그대로 쓰지 말고, 미리캔버스(무료 디자인 툴)로 글씨라도 하나 더 넣어라. 정성이 들어가면 고객은 반응한다.

스마트스토어는 '온라인 건물주'가 되기 위한 기초 훈련이다. 물건을 팔아보면 사람들의 심리가 보이고, 돈의 흐름이 보인다. 월 100만 원 순수익이 나기까지는 시간이 걸릴 것이다. 하지만 월 10만 원이라도 벌린다면? 그 돈은 매달 테슬라 소수점 투자를 위한 훌륭한 총알이 된다. 장사꾼의 마인드를 장착하라. 그것이 자본가로 가는 지름길이다.

52장

[경제독립 액션플랜]

월급 외 수입 만들기: "몸으로 벌든, 손가락으로 벌든!": 시드머니가 없다는 핑계를 멈추고, 지금 당장 현금을 채굴하라

"소장님, 배달은 너무 위험해서 싫고, 스마트스토어는 복잡해서 못하겠어요."

그렇다면 딱 이 두 가지 중에 하나만 골라라. 하나는 당신의 튼튼한 몸을 쓰는 것이고, 하나는 당신의 꼼꼼한 눈과 손가락을 쓰는 것이다. 이것은 부끄러운 일이 아니다. 땀 흘려 번 이 돈이 10년 뒤 당신을 지켜줄 테슬라와 비트코인이 된다는 사실을 기억하라.

[파워형] '하루 일당 15만 원!' 농촌 인력 중개(농촌 알바)

체력에 자신이 있거나 주말이나 휴가를 이용해 목돈을 만들고 싶다면, 이 방법을 추천한다.

농촌은 지금 일손이 없어 난리다. 외국인 노동자도 구하기 힘들다. 그래서 일당이 세다. 단순히 힘만 쓰는 게 아니다. 맑은 공기 마시며 땀 흘리고, 그 대가로 두둑한 현금을 받아오는 '힐링+수익' 프로젝트다. 숙련도와 작업 난이도에 따라 다르기는 하지만, 하루 일당은 약 12~16만 원이다. 주말 이틀만 나가도 30만 원, 테슬라 1주 값이다. 과거처럼 인력사무소에 새벽같이 나갈 필요 없다. 정부가 운영하는 앱으로 예약하면 된다.

나 역시 가끔 머리가 복잡할 때 농촌 일손 돕기를 간다. 잡생각이 사라지고, 현금으로 받은 일당을 그날 저녁 바로 주식 계좌에 입금할 때의 짜릿함은 해본 사람만 안다.

[실전 3단계 실행법]

- 가입: 스마트폰에서 '도농인력중개플랫폼(agriwork.kr)' 또는 '일모아' 앱을 설치하고 회원가입을 한다.
- 신청: 내 거주지 근처나 방문 가능한 지역(전남, 경북 등 농가 밀집 지

역)의 공고를 확인하고 신청한다. 신분증과 이수증 제출이 필요
할 수 있다.

- 현장 투입: 작업 당일, 배정된 농가로 이동하여 농작업(수확, 파종, 비닐 씌우기 등)을 돕는다. 초보자도 할 수 있는 단순 업무가 대부분이다.

[스마트형] '집에서 월 50만 원!' AI 데이터 라벨링(재택 부업)

퇴근 후 직장인, 경력 단절 여성, 몸 쓰는 일이 부담스러운 경우 추천하는 방법이다.

인공지능(AI)이 똑똑해지려면 누군가가 데이터를 가르쳐줘야 한다. 강아지 사진을 보고 '이건 강아지야'라고 입력해 주는 일. 바로 '데이터 라벨링'이다. 컴퓨터나 스마트폰만 있으면 카페, 집, 지하철 어디서든 가능하다.

건당 20원~500원 수준이지만, 익숙해지면 시급 1만 원 이상도 가능하다. 월 10~50만 원의 부수입은 충분히 가능하다. 초기 비용이 0원이기 때문에 안전하고, 다만 사기 사이트만 조심하면 된다.

퇴근 후 유튜브 보며 뒹굴거리는 시간, 딱 1시간만 줄여보자. 그 시간에 스마트폰으로 데이터 라벨링을 해서 번 1만 원으로 비트코

인을 매일 산다면, 10년 뒤 그 1만 원은 10만 원이 되어 있을 것이다.

[실전 3단계 실행법]

- 가입: 국내 1위 플랫폼 '크라우드웍스(Crowdworks)'나 '알바몬/크몽' 앱에 가입한다.
- 교육(필수): '내일배움카드'를 발급받아 국비 지원으로 데이터 라벨링 기초 교육을 무료로 듣는다(이 교육을 들어야 단가 높은 일감을 받을 수 있다).
- 작업: '도로 사진에서 신호등 찾기', '텍스트 감정 분류하기' 같은 미션을 수행하고 포인트를 현금으로 환전한다. 매일 2시간씩 꾸준히 하는 게 핵심이다.

너무 체면에 얽매이지 말자. 농촌에서 흙을 묻히든, 집에서 마우스를 클릭하든, 노동 소득을 자본 소득으로 바꾸려는 노력 그 자체가 숭고한 것이다. 이 두 가지 방법 중 딱 하나만 골라 이번 주말에 바로 실행해 보라. 통장에 찍힌 '월급 외 현금'이 당신에게 엄청난 자신감을 선물할 것이다.

53장

놓치면 손해 보는 세대별 정부지원금 총정리: 내가 낸 세금, 알뜰하게 돌려받아 경제독립 씨앗으로 쓰자

우리는 알게 모르게 수많은 세금을 낸다. 하지만 정작 내가 받을 수 있는 혜택은 몰라서 못 받는 경우가 태반이다. 정부 지원금은 공돈이 아니다. 국가가 국민의 삶을 지탱하기 위해 마련한 '사회적 안전망'이자, 우리가 당연히 누려야 할 '권리'이다.

여기 전 세대를 아우르는 공통 혜택부터, 은퇴 후 꼭 챙겨야 할 어르신 혜택, 그리고 생활비 방어의 필수품인 지역화폐 활용법까지 완벽하게 정리했다. 이 페이지를 접어두고, 우리 가족에게 해당하는 항목은 지금 당장 신청하라. 아는 것이 돈이다.

[필수] '신청 안 하면 0원!' 나도 모르는 돈 찾는 3단계 치트키

대한민국 복지 제도는 '신청주의'다. 가만히 있으면 국가가 알아서 챙겨주지 않는다. 가장 먼저 내 숨은 권리를 찾는 [3단계 기본 세팅]부터 시작하라.

1단계: '보조금24' 조회(한 방에 확인)

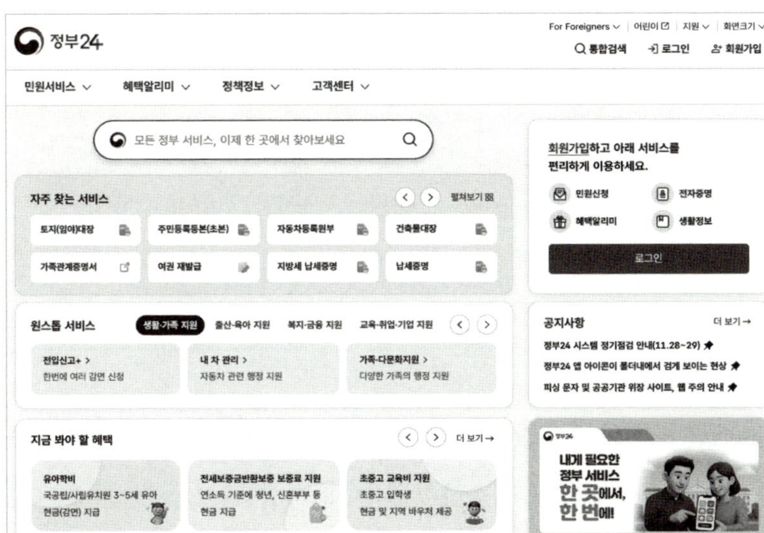

사이트 [정부 24]에서 내가 받을 수 있는 혜택을 한눈에 보여준다. [정부 24] 앱/홈페이지에 접속/로그인 하여 [보조금24]를 클릭하

면 나의 혜택을 확인할 수 있다. '귀하가 신청하면 받을 수 있는 혜택은 총 OO건이다'라고 리스트가 뜬다.

2단계: '복지 멤버십' 가입(알림 서비스)

매번 조회하기 귀찮다면, 정부가 알아서 알려주게 만들어라. '복지로(bokjiro.go.kr)' 앱에 접속하여 [복지 멤버십(맞춤형 급여 안내)]에 가입한다. 내가 임신, 실직, 노령 등 새로운 상황이 될 때마다 '신청 가능한 혜택이 있다'고 문자로 알려준다.

3단계: 주민센터 방문 시 이 한마디만!

인터넷이 어렵다면 신분증을 들고 주민센터를 방문하라. 가서 쭈뼛거리지 말고 딱 이 두 마디만 하면 된다. 먼저 "선생님, 저 '복지 멤버십' 신청해 주세요." 그러면 전산이 알아서 내 혜택을 찾아준다. 그리고 또 "제 나이에 받을 수 있는 '지역 바우처'나 '지원금'이 있는지 봐주세요." 동네 혜택은 직원이 가장 잘 안다.

[전 세대 공통] 누구나 받는 '생활비 방어' 4대장: 키워드는 교통비, 전기세, 병원비, 탄소포인트

나이와 소득에 상관없이 대한민국 국민이라면 누구나 챙겨야 할 기본 혜택이다.

구분	지원 제도명	지원 혜택 (금액)	신청 방법 및 꿀팁
교통	K-패스 (K-Pass)	월 15회 이상 이용 시 20~53% 현금 환급 (일반 20%, 청년 30%)	[필수] 기존 알뜰교통카드보다 혜택이 커졌다. 카드사 앱에서 K-패스 신규 발급 또는 전환을 신청하라(연 최대 30만 원 절약).
전기	한전 에너지 캐시백	전기를 아껴 쓴 만큼 다음 달 전기요금 차감 (캐시백)	'한전 에너지마켓플레이스'에서 신청. 여름/겨울철 관리비 폭탄을 막는 가장 쉬운 방법이다.
생활	탄소중립 포인트	전자영수증, 텀블러 사용 시 연 최대 7만 원 현금 지급	'탄소중립포인트(녹색생활)' 가입 후 제휴 매장(스타벅스, 이마트 등) 이용 시 자동 적립.
의료	본인부담 상한제	연간 병원비가 소득 기준을 넘으면 초과금을 전액 환급	국민건강보험공단에서 안내문이 오면 절대 버리지 말고 즉시 신청하라(평균 130만 원 환급).

[60대~70대+] 존엄을 지키는 '노후·의료 지원금' 집중 분석: 키워드는 연금, 의료비, 일자리

은퇴 후 소득 절벽을 마주하는 시기이다. 병원비 부담을 줄이고, 기초적인 현금 흐름을 확보하는 것이 생존의 핵심이다.

구분	지원 제도명	지원 혜택 (금액/비율)	신청 대상 및 조건
소득	기초연금	단독 가구 월 최대 33만 원 부부 가구 월 최대 53만 원	만 65세 이상, 소득 하위 70% (가만히 있으면 안 준다. 생일 한 달 전 신청 필수)
의료	임플란트/ 틀니	본인 부담금 30%만 내면 됨 (평생 2개 지원)	만 65세 이상 건강보험 가입자
건강	대상포진 예방접종	지자체별 무료 또는 비용 지원 (약 15~20만 원 절약)	만 65세 이상 (거주지 보건소 확인 필수)
일자리	노인 일자리 사업	공익형: 월 29만 원(용돈 벌이) 사회서비스형: 월 76만 원(생활비)	만 65세 이상(일부 60세 이상) 주민센터/복지관 문의
통신	이동통신비 감면	월 최대 11,000원 요금 할인	기초연금 수급자 (통신사 대리점/114 신청)

'기초연금' 신청했다가 탈락했나? 내년에 또 신청하라. 매년 선정 기준액(소득 기준)이 올라가기 때문에 작년엔 못 받았어도 올해는 받을 수 있다. 될 때까지 두드려라.

[10대~40대] 미래를 준비하는 '자산·양육 지원금'

구분	지원 제도명	지원 혜택	핵심 포인트
2030	청년주택드림 청약통장	4.5% 금리+분양가 80% 저리 대출	2030 세대의 내 집 마련 필수템. 무조건 가입.
2030	청년월세 특별지원	월 최대 20만 원(12개월) 현금 지원	부모와 따로 사는 무주택 청년이라면 신청.
3040	첫만남이용권 (출산)	첫째 200만 원, 둘째 300만 원	소득 무관, 출생 신고 시 자동 지급(바우처).
3040	신생아 특례 대출	최저 1%대 초저금리 주택 자금 대출	9억 이하 주택, 출산 가구(소득 요건 대폭 완화 중)

강력 추천하는, 앉아서 15% 돈 버는 지역화폐 활용법: 서울 '성북사랑' vs. 강원 '인제채워드림,' 할인과 캐시백의 차이

은행 예금 이자가 연 3%인 시대에, 쓰자마자 10~15%를 돌려받는다면 안 하는 게 손해다. 지역화폐는 '세금 없는 확정 수익률' 상품이다. 이 지역화폐 혜택으로 아낀 돈(월 3~5만 원)을 그냥 쓰지 마라. 그 돈으로 테슬라나 비트코인을 적립식으로 매수하라. 소비가 투자가 되는 기적을 경험하게 될 것이다.

①[서울형-선할인] "10만 원짜리 상품권을 9만 3천 원에 산다"

각 자치구별로 발행하는 서울사랑상품권이 대표적이다. 상품권을 살 때 미리 5~7% 할인된 가격으로 구매(명절엔 10%) 가능하다. 예를 들어 100만 원어치 상품권을 93만 원에 구매하여 학원비, 식비로 100만 원을 결제하면 7만 원이 즉시 이득이다. '서울페이+' 앱을 설치하고, 계좌 연결 후 구매한다(QR코드 결제).

②[지방형-캐시백] "10만 원 쓰면 1만 원을 즉시 돌려준다"

대표 상품은 강원 인제채워드림카드, 대전 온통대전, 부산 동백전 등이다. 제값을 주고 충전해서 쓰면, 결제액의 10%를 캐시백으로 돌려준다. 예를 들어 주유소에서 10만 원을 결제하면, 즉시 1만 원(10%)이 포인트로 적립되어 다음 결제 때 현금처럼 사용할 수 있다.

꿀팁 하나를 더 공개하자면, 명절이나 축제 기간에는 혜택이 15%까지 올라간다(100만 원 쓰면 15만 원 이득!). 지역화폐 앱(그리고, 코나카드 등) 설치, 카드 신청 및 충전 순서로 이용하면 된다.

정부 정책은 매년 바뀐다. 오늘 신청 자격이 안 되더라도, 내일은 될 수 있다. 복잡한 공문서를 일일이 찾아보기 힘들다면, 유튜브 〈3.1 경제독립TV〉를 구독하고 알림을 켜두자. 매일 아침, 대한민국에서 가장 빠르고 정확하게 당신이 챙겨야 할 '돈 되는 복지 정보'를 배달한다.

54장

군자금이 놀고 있다.
집에 갇힌 돈을 구출하라!

| 대한민국 5060, '마처세대'의 마지막 비상구

[기본 소득 확보] 국가가 주는 월급부터 챙겨라

은퇴 후 가장 먼저 해야 할 일은 '숨만 쉬어도 나가는 돈'을 막고, '숨만 쉬어도 들어오는 돈'을 세팅하는 것이다. 그 첫 번째 단추가 바로 기초연금과 노인 일자리다.

기초연금: 신청 안 하면 1년에 640만 원 날린다

많은 어르신들이 "내가 설마 대상이겠어?"라며 지레 포기하거나,

"나중에 신청하지 뭐" 하고 미루다가 수백만 원을 허공에 날린다. 기초연금은 '신청주의'다.

지급 금액(2025년 기준 예상)

- 단독 가구: 월 최대 약 33만 4,810원(연간 약 400만 원)
- 부부 가구: 월 최대 약 53만 5,680원(연간 약 642만 원). 부부는 20% 감액 적용

[주의] 골든타임을 놓치지 마라

- 신청 시기: 만 65세 생일이 속한 달의 1개월 전부터 가능.
- 경고: "지난달 거 안 받았으니 몰아서 주세요"는 불가능하다. 신청한 달부터 지급되므로, 늦게 신청하면 그만큼 손해다.
  - 예: 6월 생일자가 12월에 신청하면, 6~11월분(약 200만 원)은 영원히 소멸된다.

신청 방법

- 오프라인: 주소지 관할 읍·면·동 주민센터 또는 국민연금공단 지사.
- 온라인: '복지로' 사이트(자녀가 대신 신청 가능).

- 준비물: 신분증, 본인 명의 통장 사본(부부는 배우자 동의 필요).

노인 일자리: 건강과 용돈, 두 마리 토끼 잡기

'나이 들어서 무슨 일을 해?'라고 생각하지 마라. 요즘은 활동하는 노후가 대세다. 정부가 지원하는 일자리는 경쟁률이 치열하니 미리 정보를 선점해야 한다.

정부 지원 노인 일자리 유형 비교

구분	공익활동형(가장 많음)	사회서비스형(경력 활용)
활동 내용	스쿨존 교통지도, 환경미화, 노노케어(말벗)	보육시설 지원, 행정 업무 보조, 금융 업무 지원
참여 자격	만 65세 이상 기초연금 수급자	만 65세 이상 (일부 60세 이상 가능)
근무 시간	월 30시간(하루 3시간, 월 10일)	월 60시간(주 15시간)
활동비(월급)	월 29만 원	월 76만 1천 원(주휴수당 포함)
신청 시기	매년 11월~12월 집중 모집	연중 수시(하지만 연초가 유리)

월 76만 원이면 어지간한 연금보다 많다. 사회서비스형 일자리는 은행원, 교사 등 은퇴자들의 경력을 살릴 수 있어 인기가 폭발적이다. 매년 12월, 주민센터나 노인복지관 공고를 매의 눈으로 지켜보라.

현실의 벽: '이것만으로는 턱없이 부족하다'

기초연금 받고, 소일거리로 용돈을 벌어도 현실은 냉혹하다. 통계청 데이터를 통해 우리의 노후 성적표를 냉정하게 확인해 보자.

노후 생활비 vs. 실제 소득의 거대한 격차(Gap)

대한민국 부부 기준 노후 자금 성적표

구분	적정 생활비(희망)	실제 준비된 돈(평균)	부족한 돈(매월 적자)
최소 생활비	231만 원	국민연금(부부) 100만 원+ 기초연금 53만 원=153만 원	-78만 원 (먹고 살기도 빠듯함)
적정 생활비	277만 원 (여가 포함)	(위와 동일)	-124만 원 (여행, 경조사 불가능)

부부가 숨만 쉬고 살아도 매월 약 80만 원이 부족하다. 가끔 외식하고 손주 용돈이라도 주려면 매월 120만 원 이상의 구멍이 난다. 문제의 핵심은 자산의 80%가 '집 한 채(부동산)'에 묶여 있어, 당장 쓸 현금이 없다는 것이다(House Poor, Cash Poor).

이 부족한 120만 원, 어디서 메울 것인가? 자식에게 손을 벌릴 것인가, 아니면 내 집을 활용할 것인가? 여기서 인생 2막의 갈림길이 나뉜다.

5년 전 어느 날, 나는 깊은 고민에 빠져 있었다. 밖에서는 '경제독립운동가'라며 떵떵거렸지만, 정작 집 안에서는 부모님 부양과 자녀 유학비 사이에 낀 50대 가장의 무거운 어깨를 감당하고 있었다.

30년 넘게 꼬박꼬박 드려온 부모님 용돈(효도비). 자식 된 도리로 당연한 일이었지만, 은퇴가 코앞에 닥친 시점에 매달 나가는 그 돈은 솔직히 부담스러운 것이 사실이었다.

그러던 어느 날, 은행 창구에서 내 머리를 '댕' 하고 때리는 장면을 목격했다. 허름한 옷차림의 80대 어르신이 쭈뼛거리며 주택연금 상담을 받고 계셨다.

"어르신, 집이 이거 한 채뿐이신데 연금으로 다 쓰시면 자녀분들이 싫어하지 않을까요?"

나의 조심스러운 질문에 어르신은 껄껄 웃으며 답했다.

"에이, 지점장 양반. 내 코가 석 자야. 자식한테 손 벌리기 싫어서 내가 내 집 먹고 살겠다는데 누가 뭐라 그래? 쓰다가 남으면 물려주면 되고, 모자라면 나라가 책임져준다며? 이게 젤 속 편해."

순간 머리가 띵했다.

'아, 맞다! 대한민국 어르신들은 평생 번 돈을 집에 다 깔고 앉아 현금이 없는 하우스 푸어지. 집을 현금흐름으로 바꾸면 자식 눈치 안 보고 당당하게 사실 수 있는데!'

그날 저녁, 마치 내 마음을 읽으신 듯 아버님이 나를 부르셨다. 아버님은 80이 넘은 연세에도 요양보호사 자격증을 따서 편찮으신 어머니를 직접 케어하고 계셨다. 아버님은 내 손을 잡고 진지하게 말씀하셨다.

"애비야, 그동안 우리 챙기느라 고생 많았다. 애들 유학 보내느라 너도 힘들 텐데… 이제 용돈 그만 보내라."

가슴이 철렁했다. 혹시 섭섭하셨나? 하지만 아버님의 다음 말씀은 나를 울렸다.

"나 요양보호사 일하면서 나라에서 월급 70만 원 받는다. 그리고 이 집 담보로 주택연금 신청하마. 내 노후는 내가 꾸려갈 테니, 너는 네 노후 준비해라."

그렇게 아버님은 주택연금과 요양 급여, 기초연금을 합쳐 꼿꼿하게 경제적 자립을 선언하셨다. 지금 아버님은 구순(90세)이 넘으셨지만, 여전히 자식에게 손 벌리지 않고 당당하게 사신다. 그 모습이 얼마나 존경스럽고 감사한지 모른다.

은행 창구에서 나는 수없이 보았다. 부모님이 돌아가신 뒤 남겨진 작은 아파트 한 채를 두고 형제끼리 멱살 잡고 싸우는 꼴을. 하지만 주택연금은 그 비극을 막아준다. 부모님은 살아생전 내 집에서 꼬박꼬박 월급(연금) 받으며 '경제적 존엄'을 지키고, 부족하면 나라가 채워주고 남으면 자식에게 상속되니 이보다 합리적인 제도가 어디 있는가?

[솔루션] 집에 갇힌 돈을 구출하라(주택연금 실전)

감동은 가슴에 새기고, 이제 머리로 계산할 때다. 내 집을 맡기면 얼마를 받을 수 있는지, 어떻게 신청하는지 낱낱이 파헤쳐 보자.

주택연금, 오해와 진실(팩트 체크)

주택연금에 대한 대표적인 오해는 '집값이 오르면 손해 아닌가?'이다. 진실은 그렇지 않다. 가입 시점의 집값으로 연금액이 정해지지만, 나중에 부부가 모두 돌아가시고 정산할 때 [집값>받은 연금]이면 남은 돈은 자녀에게 상속된다. 반대로 [집값<받은 연금]이어도 부족한 돈은 청구하지 않는다(정부 보증의 강력한 혜택).

또 다른 오해 '집 뺏기는 거 아닌가?' 역시 진실이 아니다. 평생 내 집에서 살면서(소유권 유지), 매달 월급처럼 돈을 받는 것이다. 이사 갈 필요 없다.

얼마를 받을 수 있나?(예상 수령액 시뮬레이션)

2025년 기준, 일반형(종신 지급) 예상 금액이다.

집값(공시가 아님)	60세 가입	70세 가입	80세 가입
3억 원	62만 원	90만 원	144만 원
5억 원	104만 원	150만 원	240만 원
9억 원	187만 원	260만 원	327만 원
12억 원	245만 원	320만 원	327만 원(상한선)

보라. 5억 원짜리 아파트 한 채만 있어도 70세부터 매달 150만 원이 나온다. 앞서 본 부족한 생활비(124만 원)를 메우고도 남는 금액이다. 자식 눈치 안 보고 친구들에게 밥 사며 골든 시니어로 살 수 있다.

신청 절차(원스톱 서비스)

복잡하지 않다. 딱 3단계면 끝난다. ①상담: 한국주택금융공사 콜센터(1688-8114) 전화 또는 지사 방문. ②심사: 공사에서 집 가격을 감정하고 보증서를 발급한다. ③실행: 보증서를 들고 거래 은행에 가면 통장에 첫 연금이 입금된다.

[고수의 활용법] 연금으로 '3대(代) 부자' 시스템 만들기

주택연금을 생활비로만 쓰고 끝내겠는가? 하수다. 고수는 이 유동성(현금)을 활용해 미래의 부를 창조한다.

'테슬라 적금' 들기(손주 증여 플랜)

생활비를 쓰고 월 30만 원 정도 여유가 생긴다면 어떻게 하겠는가. 은행에 넣겠는가? 아니다. 매달 손주(또는 자녀) 계좌에 30만 원을 이체하고, 테슬라나 비트코인을 사주어라. 할아버지는 집을 유동화해서 좋고, 손주는 어릴 때부터 혁신 기업의 주주가 되어 좋다.

시뮬레이션을 돌려보자. 월 30만 원씩 20년간 테슬라에 투자(연 15% 성장 가정)한다면, 손주가 성인이 될 때 약 4억 원의 자산이 생긴다. 집 한 채가 사라지는 게 아니라, 거대한 금융 자산으로 변신해 상속되는 것이다.

주담대 상환용 연금(이자 지옥 탈출)

아직 갚지 못한 주택담보대출 이자 때문에 허덕이는 50대라면 주목하라. 연금 인출 한도의 최대 90%를 일시에 찾아 대출을 갚아버리고, 남은 금액으로 연금을 받아라. 매달 나가던 이자 지출이 0이 되고, 오히려 소액이나마 연금이 들어온다. 현금 흐름이 마이너스에서 플러스로 대반전된다.

55장

100세 시대, 노후의 품격: 자격증과 로봇

| 현재는 '자격증'으로 방어하고, 미래는 '로봇'으로 공격하라

누구나 늙고, 병드는 시기가 온다. 피할 수 없는 이 현실 앞에서 우리는 두 가지 거대한 벽과 마주한다. 하나는 '돈(생활비)'이고, 다른 하나는 '돌봄(간병)'이다.

여기, 90세 아버지가 몸소 보여주신 '현재의 해법'과, 우리가 투자로 준비해야 할 '미래의 해법'을 제시한다. 이것은 공상과학 소설이 아니라, 닥쳐올 미래를 대비하는 가장 냉철한 보고서다.

[현재의 해법] '배우자를 내가 돌본다': 가족요양제도의 기적

몇 년 전, 아버님은 80이 넘은 연세에 '요양보호사 자격증'을 따셨다. 거동이 불편해지신 어머니를 남의 손에 맡기기 싫다며, 당신께서 직접 케어하시겠다고 결심하신 것이다. 처음엔 '연세도 있으신데 무리 아니실까' 걱정했다. 하지만 결과는 놀라웠다.

먼저 가족이 돌보니 마음이 편하다(정서적 안정).

요양병원에 모시면 면회도 힘들고, 낯선 환경 탓에 병세가 악화되는 경우가 많다. 하지만 아버지가 집에서 말벗이 되어 드리고, 식사를 챙겨 드리는 것만으로도 어머니의 표정은 훨씬 평안해지셨다. 사랑하는 가족의 손길보다 좋은 치료제는 없다.

둘째, 나라에서 월급을 준다(가족요양급여).

이게 핵심이다. 아버님이 요양보호사 자격증이 있으시기에, 어머니를 돌보는 시간이 노동으로 인정되어 국가에서 급여가 나온다. 가족요양제도(장기요양등급 판정 필요)는 하루 60분~90분 인정 시, 월 40~90만 원 수준의 급여를 수령할 수 있다. 아버님은 이 돈으로 생활비에 보태시고, 병원비 걱정을 더셨다. 자식들에게 손 벌리지 않고 두 분이서 서로를 의지하며 경제적 자립까지 이루신 것이다.

신동일 소장의 제안

은퇴 후 시간이 있는가? 부부가 함께 '요양보호사 자격증'을 따뒤라. 서로가 서로를 돌볼 때 국가가 돈을 주는, 현존하는 최고의 노후 대비책이다.

[미래의 위기] 10년 뒤, 돈이 있어도 사람을 못 구한다

10년 뒤에는 어떤 상황이 발생할까? 상황은 급변한다. 저출산으로 젊은이는 사라지고 노인만 남는다. 지금도 간병비가 월 400~500만 원인데, 10년 뒤엔 1,000만 원을 줘도 사람 구하기 힘든 간병 대란이 올 것이다. 간병인 실종 시대를 살아야 한다는 의미다. 우리 자녀들은 자기 앞가림하기도 벅차다. 똥 기저귀를 갈아줄 자녀는 이제 드라마에도 나오지 않는다.

[미래의 해법] 테슬라 주식이 '강철 간병인'을 사준다

이 암울한 미래를 돌파할 유일한 열쇠가 바로 '기술(Technology)'과 '투자(Investment)'다. 꿈같은 소리라고? 스마트폰이 10년 만에 세상을 바꿨듯, AI 로봇은 10년 안에 우리 안방으로 들어온다.

·시나리오 ①: 테슬라 로보택시='내가 택시 회사 사장'

내가 잠들거나 쉬는 동안, 내가 소유한 테슬라 자율주행차(로보택시)가 밖으로 나가 손님을 태우고 돈을 벌어온다. 우버나 택시 기사가 가져가던 수익을 차주인 내가 가져온다. 국민연금이 부족해도 상관없다. 내 차가 벌어오는 월급이 나를 먹여 살린다. 이것이 진정한 '자동화 수익'이다.

・시나리오 ②: 테슬라 옵티머스='지치지 않는 간병인'

10년 뒤, 테슬라는 인간형 로봇 '옵티머스'를 2~3천만 원대(자동차 1대 값)에 대량 공급할 계획이다. 무거운 나를 들어서 화장실로 옮겨주고(허리 보호), 24시간 불평 없이 말벗이 되어주며, 응급 상황 시 즉시 119에 신고한다. 이로써 월 500만 원씩 나가는 간병비가 사라진다. 로봇 한 대만 사면 평생 무료 간병이다.

[연결 고리] 지금의 투자가 미래의 존엄을 지킨다

"그 로봇 살 돈이 어디 있냐고?" 그래서 우리가 지금 테슬라와 비트코인을 모으는 것이다. 지금 테슬라 주식 1,000만 원어치(약 20~30주)를 사둔다고 가정해 보자. 10년 뒤 AI 혁명으로 주가가 10배 상승한다면 1억 원이 된다. 그 1억 원으로 옵티머스 로봇 2대(본인용, 배우자용)를 사고도 남는다.

결론

지금 우리가 하는 투자는 단순히 숫자를 늘리기 위함이 아니다. 늙고 병들었을 때, 자식에게 짐이 되지 않고, 차가운 요양병원 침대에 묶여 있지 않기 위한 존엄의 비용을 마련하는 것이다.

지금 아버님이 자격증을 따서 어머니를 지키셨듯, 우리는 혁신 기업의 주식을 모아서 미래의 나를 지켜야 한다. 테슬라 주식은 10년 뒤, 당신의 휠체어를 밀어줄 가장 든든한 효자가 되어 있을 것이다. 지금 바로, 당신만의 '간병 펀드'를 시작하라. 그것이 존엄한 노후를 위한 유일한 길이다.

56장

10년의 기적,
그리고 앞으로 다가올 10년의 기회

| 100만 원, 10년 뒤 얼마가 되어 있을까?

많은 사람들이 묻는다. "이미 너무 많이 오른 것 아닌가요?" 하지만 역사는 말해준다. 혁신 기업의 주가는 우리가 '비싸다'고 망설이는 그 순간에도 쉬지 않고 오르고 있다는 사실을.

여기 지난 10년간의 실제 데이터와, 월가 전문가들이 예측하는 앞으로 10년의 시나리오가 있다. 이 표를 보고도 가슴이 뛰지 않는다면, 당신은 경제독립 부자가 될 준비가 되지 않은 것이다.

4대 핵심 자산: 과거 10년 성적표 vs. 미래 10년 시뮬레이션
(기준: 초기 투자금 100만 원/환율 및 인플레이션 고려)

투자 대상 (종목)	과거 10년 (2015~2025) 실제 수익률(배수)	과거 100만 원 투자 시 현재 결과(2025년)	미래 10년(2025~2035) 예상 수익률(목표)	지금 100만 원 투자 시 10년 뒤 예상 결과
엔비디아 (NVDA)	약 228배	2억 2,800만 원	약 6배 (시총 27조 달러 전망)	600만 원
테슬라 (TSLA)	약 33배	3,300만 원	약 7배 (주가 $2,600 전망)	700만 원
비트코인 (BTC)	약 300배	3억 원	약 13배 (1코인 20억 원 전망)	1,300만 원
은행 예금 (복리)	약 1.3배	130만 원	약 1.3배	130만 원

위 표는 독자의 이해를 돕기 위해 과거 데이터와 글로벌 투자 기관 (Ark Invest, Bitwise 등)의 낙관적 전망(Bull Case)을 바탕으로 작성된 단순 시뮬레이션 참고 자료이다. 미래 수익률은 보장되지 않으며, 시장 상황에 따라 변동될 수 있다. 주식과 암호화폐 등 투자 자산은 원금 전액 손실 위험이 있으니, 반드시 여유 자금으로 신중하게 투자해야 한다.

데이터로 보는 신동일 소장의 통찰

늦었다고 생각할 때가 가장 빠른 때다

표를 보라. 엔비디아는 10년 전 100만 원이 2억 원이 넘는 거금이 되었다. 테슬라도 3천만 원이 되었다. '아, 10년 전에 샀어야 했는데'라며 한숨만 쉬고 있을 것인가? 앞으로 다가올 10년도 마찬가지다. AI와 로봇 혁명은 이제 막 시작되었다. 지금의 100만 원이 10년 뒤 당신의 노후를 책임질 1,000만 원, 1억 원의 씨앗이 될 수 있다.

은행 예금의 배신: 안전한 것이 가장 위험하다

은행에 100만 원을 넣어둔 사람은 10년 뒤 고작 130만 원을 쥐게 된다. 물가 상승을 고려하면 사실상 마이너스다. 원금 손실이 두려워 아무것도 하지 않는 것(Risk Aversion)은, 내 자산이 서서히 굶어 죽게 방치하는 것과 같다.

미래의 10배(Ten-Bagger)는 어디서 나올까?

과거의 영광이 엔비디아였다면, 미래의 영광은 비트코인과 테슬라(로봇)에서 나올 가능성이 크다. 월가 분석기관 비트와이즈(Bitwise)는 비트코인이 2035년까지 개당 100만 달러(약 14억 원)를 넘을 것으로 예측한다. 캐시 우드(Ark Invest)는 테슬라의 자율주행 택시 사업이 본격화되면 주가가 2,600달러(현재의 약 6~7배)에 도달할 것으로 전망한다.

지금 당장, 당신의 지갑 속에 잠자는 100만 원을 깨우라. 그 돈은 미래의 당신을 구원할 '경제독립군 1호'이다.

경제독립의 여정은 혼자 걷는 길이 아니다. 나의 사랑하는 딸들과 청년들, 거친 시대를 함께 건너온 친구들, 그리고 평생의 동반자가 있기에 우리는 멈추지 않을 수 있다. 나의 가장 소중한 사람들에게, 그리고 이 책을 읽는 당신에게 나의 진심을 전한다.

✉ 첫 번째 편지: 나의 두 딸 지영, 지원이와 소중한 친구들에게
| 너희에게는 '시간'이라는 가장 강력한 무기가 있단다

지영아, 지원아. 그리고 너희의 소중한 친구들아, 안녕! 무엇보다 우리 딸들의 절친으로 곁에 남아줘서 정말 고맙다. 이 아저씨가 다음에 만나면 맛있는 밥과 커피는 무조건 쏜다. 알겠지?

혹시 기억나니? 5년 전, 너희 중학교 교실에 아저씨가 '경제독립 강사'로 갔던 날 말이야. 나는 그때 너희들의 초롱초롱했던 눈빛을 아직도 잊을 수가 없단다. 호기심 가득하고 순수했던 그 모습, 아직 간직하고 있는 거지?

솔직히 고백하면, 그때 아저씨는 아직 준비가 덜 되어 있었어. 너희를 상대로 테슬라, 엔비디아, 중국 주식, ISA 계좌 등 우리 가족의 경제 독립 시스템을 테스트해 보고 있었던 것 같아. 그때의 실패와 성공 경험을 모아 이 책을 썼단다. 1시간 강의로는 다 못해줬던, 아빠로서 꼭 해주고 싶은 얘기들을 담았어.

애들아, 꼭 명문대를 나오지 않아도 괜찮아. 대기업에 취직하지 못했어도 괜찮아. 나는 너희가 그저 내 딸이라서 자랑스럽고, 너희의 존재만으로도 충분하단다. 이 편지를 쓰는데 왜 이리 코끝이 찡한지 모르겠구나. 누가 50대 후반 아재 아니랄까 봐.

지금 카페에서, 음식점에서 땀 흘려 알바하고 있는 너희들에게 꼭 해주고 싶은 말이 있어. 이제 '영원한 직장'은 없다. 하지만 너희에게는 이제 시작이라는 희망이 있어. 그리고 너희에게는 50대인 우리가 갖지 못한 가장 강력한 무기, '시간'이 있단다.

한번 생각해 봐. 지금부터 너희에게는 20년, 30년이라는 투자 기간이 남아 있어. 이 말은 매월 몇 십만 원의 작은 종잣돈으로도 나중에 거대한 부를 만들 수 있다는 뜻이야. 반면 우리 부모 세대는 시간이 없어. 장기 투자를 하기도 어렵고, 공격적으로 투자할 수도 없지.

하지만 너희는 시간이 있는 대신 돈이 없잖아? 그래서 솔직히 말하면, 부모에게 최대한 '선의의 빈대'를 치는 전략을 써야 해. 부모님께 미안해 하지 마라. 하루빨리 경제독립에 성공해서 30~40대에 제 앞가림을 하는 것이야말로 부모에게 할 수 있는 최고의 효도란다.

그리고 사회 초년생인 너희는 아직 경제 개념이 부족해서 금융기관 직원 말을 너무 믿는 경향이 있어. 힘들게 모은 돈, 남의 말만 믿고 맡기지 말고 너희가 직접 공부해서 투자해 봐야 해. 힘들면 아저씨가 하는 '3.1 경제독립TV'를 보면서 공부해. 아저씨가 자나 깨나 하는 일이 좋은 경제독립 씨앗(기업) 골라내는 거니까 믿을 만할 거야.

구체적으로 딱 정해줄게. 한 달 알바비 200만 원, 그거 '경제독립 수업료'라고 생각하고 지금 당장 스마트폰으로 투자를 시작해. 단돈 1만 원이라도 내 돈이 들어가면 세상이 다르게 보인다.

테슬라 1만 원, 엔비디아 1만 원, 팔란티어 1만 원, 비트코인 1만 원. 이렇게 너희만의 포트폴리오를 짜서 월급의 절반은 무조건 자동 투자로 돌려봐. 그리고 딱 5년만, 절대 깨지 말고 버텨봐. 아빠가 5년 먼저 해보니까 알겠더라. 2천만 원 종잣돈이 1억 원이 되는 거, 너희라면 충분히 할 수 있어.

우리 조만간 얼굴 한번 보자. 그때까지 이 책 먼저 읽고 궁금한 거 많이 찾아와.

너희의 영원한 팬, 지영·지원 아빠가.

✉ 두 번째 편지: 찬바람 부는 만주 벌판에 선 50대 친구들에게
| 친구야, 우리 아직 늦지 않았어. 함께 가자!

친구야, 잘 지내지? 나 대한민국 경제독립운동가 신동일이야. 동창 모임에도 잘 못 나가다 보니 날 기억하는 친구가 있을지 모르겠네. 나도 이제 37년 금융인 생활 마치고 인생 2막을 시작하려 해.

우리 친구들, 다들 흙수저로 시작해서 그동안 직장에서 김 부장, 이 부장으로 사느라 정말 고생 많았다. 위아래 눈치 보며 버텨온 세월, 내가 누구보다 잘 알지. 조만간 고향에서 만나면 삼겹살에 소주 한잔하자.

나도 20대 두 딸 키우고 막 퇴직하고 나니 걱정이 태산이야. 아파트 한 채 겨우 장만했고, 통장 잔고 몇 천만 원이 전부인데 회사 울타리 밖으로 나오니 찬바람 쌩쌩 부는 만주 벌판에 선 기분이야. 다들 공감하지? 제일 미안한 건 아내야. 평생 뒷바라지해줬는데, 아직도 백화점 가서 2~3만 원짜리 옷 하나 선뜻 못 집어 들 때면 마음이 너무 짠해. 나름대로 준비한다고 했는데도 아직 갈 길이 멀다.

친구들아, 내가 이렇게 뜬금없이 편지를 쓰는 이유는 우리 가족의 경제독립 노하우를 공유하고 싶어서야. 내가 부자들 많이 만나봤잖아. 딱 하나 배운 게 있다면, '내 주변 사람이 잘돼야 나도 잘된다'는 거야. 친구가 성공해야 내가 밥값, 술값 낼 때 눈치 안 보고 자식 자랑도 할 수 있을 거 아니냐.

사실 내 딸들도 평범한 직장 다녀. 그런데 10년 전부터 내가 조금씩 도와줬더니 엔비디아 같은 걸로 50배 수익도 내보고, 지금은 제법 1억 원 넘게 모았어. 나도 중국 주식 폭망해 보고 시행착오 겪었지만, 일찍 시작한 덕에 테슬라랑 비트코인으로 그나마 선방했지.

친구야, 내가 은행에 오래 있었잖아. 제발 부탁인데, 이자도 없는 입출금 통장에 100~200만 원 그냥 넣어두지 마. 당장 찾아서 애들한테 딱 100만 원씩이라도 쥐여주고 증권 계좌 만들어줘. 사회 초년생 땐 종잣돈이 없잖아. 우리가 강남 부자처럼 수억 원은 못 줘도, 경제독립 씨앗 뿌릴 종잣돈은 도와줄 수 있잖아. 내가 해보니까 2천만 원이 1억 원 되는 거 금방이더라.

그리고 혹시 아파트 한 채 있다면, 그거 절대 자식한테 물려줄 생각 마라. 대신 주택연금 신청해서 우리 노후 자금 쓰고, 거기서 나오는 돈 3분의 1 정도만 애들한테 투자해 줘. 부모가 방향만 잡아주면 요즘 애들 똑똑해서 알아서 잘 불린다. 더 이상 부동산 불패 신화는 없어. 상속보다 중요한 건 지금 있는 돈이 일하게 만드는 거야.

우리 세대, 정말 끼인 세대잖아. 부모님 부양해야 하고 자식들한테는 부양 못 받는 '마처세대'. 우리 노후는 우리가 책임져야 해. 테슬라 주식 사서 나중에 간병 로봇 사고, 자율주행차 타고 병원 다니자. 그게 우리의 미래야.

내 말 진심이니까 믿어줘. 다음에 만나면 내가 쏠게. 못다 한 얘기는 이 책에 다 담았어. 친구야, 힘내자!

고향 친구 동일이가.

✉ 세 번째 편지: 나의 영원한 깐부, 사랑하는 아내에게
| 당신은 나의 영원한 구원투수, 100억보다 값진 당신

여보, 막상 당신에게 편지를 쓰려니 만감이 교차하네. 당신 기억나? 3년 전, 나 어깨 수술하고 병상에 누워 있을 때 테슬라 주가 반토막(108달러) 났던 거. 증권사에서 반대매매 문자 오는데, 당신이 꼬깃꼬깃 숨겨둔 비상금 탈탈 털어서 나 막아줬잖아.

카페에서 몰래 비트코인 투자하다 들켜서 혼나고, 또 몰래 사서 들키고. 결국엔 당신이 알면서도 져줬던 거 다 기억해. 식탁 위에 이혼 서류 세 번이나 올라왔을 때, 당신이 쓴 편지 읽으며 내 마음도 새까맣게 타들어 갔어. 내가 잘난 남편이었다면 당신 이렇게 힘들게 안 했을 텐데. 백화점 매대에서 2만 원짜리 옷 하나 못 사고 돌아설 때, 내가 왜 그리 무심했을까. 정말 미안하고, 내 아내가 되어줘서 고마워.

하지만 자기야. 나 바닥까지 내려가 보니까 오기가 생기더라. 돈이 인생의 전부는 아니지만, 당신과 나를 평생 짓눌러온 이놈의 돈 문제, 내가 반드시 끊어버리겠다고 결심했어. 월세를 살더라도, 퇴직금 반을 날리더라도, 한번 제대로 해서 당신 백화점 가서 가격표 안 보고 옷 사게 해주겠다고 맹세했지.

그래서 새벽 3시에 일어나서 공부하고 방송했어. 경제독립 길이 보이고 구독자분들이 공감해 주니까 신기하게도 힘든 줄 모르겠더라. 명확한 목표가 생기니까 사람이 변하더라고.

우리 인생의 봄날은 언제였을까? 한계리 땅에서 당신이랑 돌 고르고 나무 심을 때, 투자에 지친 마음 달래며 땀 흘릴 때. 그때 당신 얼굴에 피어난 미소를 보며 나는 참 행복했어.

내 인생의 구원투수, 정말 예쁘고 대단한 당신. 내가 홧김에 "각자 50억씩 챙겨서 헤어지자"고 했던 거, 진심 아닌 거 알지? 난 당신이랑 영원히 행복하게 살고 싶어. 100억은 그냥 숫자일 뿐이야. 하지만 그 목표가 있었기에 우리가 여기까지 올 수 있었어.

수익 난 테슬라 주식 팔아서 우리 가족 미국 여행 갔을 때, 뉴욕 황소 동상 앞에서 웃던 당신 모습이 아직도 눈에 선해. 여보, 이제 우리 그동안 고생한 거 보상받으며 좀 즐기며 살자. 내년엔 베네치아 가서 곤돌라 타고 커피 한잔하자.

솔직히 고백 하나 할게. 2015년에 내 사비 3천만 원 털어서 〈마이라이프북〉 만들었잖아. 그때 당신 쌈짓돈이랑 엔비디아 주식 판 돈, 그거 그대로 뒀으면 지금 100억 원이 훌쩍 넘었을 거야. 우리 가끔 그 얘기 하며 웃었지? "그 책 3천 권이 100억 원짜리네" 하면서. 그래도 후회 안 해. 그 덕분에 대한민국 3천 명의 독립군이 생겼고, 우리 가족도 이렇게 단단해졌으니까. 늦었지만 묵묵히 참아준 당신, 정말 존경해.

이제 '경제독립운동가의 아내'라는 무거운 짐 내려놓고, 당신이 진짜 하고 싶은 거 하며 살았으면 좋겠어. 우리 딸들 앞가림은 이제 애들한테 맡기고, 우리는 제2의 신혼을 즐기자.

진심으로 고맙고 사랑해. 부족한 남편 데리고 사느라 고생 많았어. 마지막으로 고백하는데, '대한민국 경제독립운동가 신동일'을 만든 숨은 고수는 바로 당신이야! 당신이 최고야!

[체크 포인트] 우리 가족 경제독립 액션 플랜(Action Plan)

| 생각만으로는 아무것도 바뀌지 않는다. 지금 당장 움직여라!

이제 모든 브리핑은 끝났다. 환율의 거대한 파도 속에서 왜 달러와 비트코인이 필수인지 알았고, 우리 가족을 지켜줄 든든한 방패가 무엇인지도 확인했다. 하지만 아는 것만으로는 통장의 숫자가 1원도 바뀌지 않다. 오직 '실행'만이 당신의 미래를 바꾼다.

대한민국 경제독립군 사령관 신동일이 당신에게 하달하는 마지막 미션이다. 이 체크리스트는 10년 뒤 당신과 당신의 가족을 웃게 만들 보물 지도다. 떨리는 마음으로 하나씩 수행하고 체크(√) 하라.

Mission 1. [선포] 가족 독립 선언식 거행하기

- [　] 가족 소집: 오늘 저녁, 스마트폰과 TV를 끄고 온 가족을 식탁에 모으십시오.
- [　] 낭독: 이 책의 맨 앞장 '경제독립 선언문'을 가장이 먼저 읽고, 가족들이 따라 읽게 하라.
- [　] 목표 설정: '우리는 2035년까지 순자산 00억 원을 만든다!'라는 구체적인 목표와 날짜를 종이에 적어 냉장고 문에 붙여라.

Mission 2. [발굴] 잠자는 군자금 100만 원 찾기

- [　] 앱 설치: 지금 당장 스마트폰에 '어카운트인포(계좌정보통합관리)' 앱을 설치하라.

- [　] 구출 작전: 여기저기 흩어진 휴면 계좌, 미청구 보험금, 소멸 직전
  의 카드 포인트를 샅샅이 뒤져 내 주거래 통장으로 즉시 이체하라.
- [　] 현금화: 안 쓰는 물건을 당근마켓에 올려 단돈 1만 원이라도 투자
  용 현금을 만들어라.

Mission 3. [파종] 미래의 100억 씨앗 심기

- [　] 계좌 개설: 아직 투자 계좌가 없다면 스마트폰으로 비대면 증권
  계좌(주식/코인)를 개설하라. 자녀 계좌도 부모 폰으로 5분이면
  만든다.
- [　] 첫 매수: 미션 2에서 찾은 돈, 혹은 오늘 아낀 커피값으로 다음 자
  산을 단 1주(또는 1만 원)라도 시장가로 매수하라.
    - 주식: 테슬라(TSLA), 엔비디아(NVDA)
    - 코인: 비트코인(BTC), 이더리움(ETH)
- [　] 인증: '매수 체결' 알림이 뜨는 순간, 당신은 자본가가 된 것이다.
  이 역사적인 첫 거래 내역을 캡처해서 간직하라.

Mission 4. [시스템] '자동 부자' 시스템 설정하기

- [　] 자동이체: 의지력을 믿지 마라. 매월 월급날 다음 날, [월 10만 원
  자동이체]를 설정하라(예: 25일 월급→26일 투자 계좌 이체).
- [　] 복지 챙기기: K-패스 교통카드를 신청하여 교통비를 돌려받고,
  ISA 계좌를 만들어 세금을 0원으로 만들어라.

Mission 5. [연대] 흔들릴 때마다 베이스캠프로 오라

- [ ] 구독: 혼자 가면 빨리 가지만, 함께 가면 멀리 간다. 유튜브 <3.1
  경제독립TV>를 구독하고 알림 설정을 켜라.
- [ ] 습관: 매일 아침 올라오는 시황 분석과 멘탈 관리 영상을 보며, 당
  신이 혼자가 아님을 확인하라. 우리는 끝까지 함께 갈 전우(동지)
  이다.

<h2 style="text-align:center">우리가족 경제독립 선언문</h2>

우리는 오늘 대한민국 국민으로서 또 한 번 선언한다.

1919년 우리 조상들은 일제에게 '나라의 독립'을 외쳤다. 2026년 오늘, 우리는 자본과 빚과 불안에게 '나의 독립'을 외친다.

우리는 더 이상 월급이 없으면 숨을 못 쉬는 몸이 되지 않겠다. 집값이 오르면 행복하고, 내리면 불행한 감정이 되지 않겠다. 60세가 되면 버려지는 존재가 되지 않겠다.

우리는 선언한다.

①우리의 시간은 더 이상 회사와 은행의 노예가 아니다.

②우리의 돈은 더 이상 소비와 빚으로 새지 않는다.

③우리의 삶은 더 이상 남의 기준으로 평가받지 않는다.

우리는 약속한다.

매달 수입의 20% 이상을 반드시 나에게 먼저 지급한다. 그 돈은 테슬라, 엔비디아, 비트코인이든, ETF든, 나무 한 그루든, 오직 나의 미래만을 위해 자란다.

우리는 맹세한다.

10년 후, 20년 후, 3.1경제독립 본부 한계리(내가 경제독립 본부로 지정한 강원도 인제군의 한적한 시골마을 부지) 소나무 아래 다시 모였을 때 누구도 월급쟁이로 남아 있지 않겠다. 누구도 부모에게 손 벌리지 않겠다. 누구도 자식에게 짐이 되지 않겠다.

1919년 3월 1일, 조선은 나라를 되찾았다. 오늘, 우리는 나를 되찾는다.

이제부터 우리의 인생은 진짜 우리 것이다. 이제 대한민국 경제독립 운동을 시작한다.

(낭독 끝난 뒤 모두 함께 외치는 구호)

"나부터 독립! 나부터 부자! 나부터 자유!"

[에필로그]

당신이 바로 자본주의 매트릭스를 탈출할 '네오(Neo)'다: 경제독립운동가 신동일 소장의 마지막 제언

책을 덮기 전, 마지막으로 여러분과 냉정한 승부를 겨뤄보고자 한다. 대한민국 국민에게 강남 아파트는 단순한 집이 아니다. 성공의 척도이자, 절대 무너지지 않는 불패의 신화이다. 지금 이 순간에도 수많은 청년과 가장들이 '내 월급으로는 이번 생은 틀렸다'며 강남 아파트 호가창을 보며 한숨을 쉰다. 하지만 감성을 걷어내고, 냉정한 숫자(Fact)의 세계로 들어가 보자. 우리가 부동산 불패 신화에 갇혀 부러움에 빠져 있는 동안, 진짜 부의 이동은 어디서 일어났을까?

냉정한 승부: 걷는 부동산 vs. 날아가는 혁신

가장 핫하다는 글로벌 부동산과 혁신 자산의 지난 10년(2015~2025) 성적표를 공개한다. 결과는 잔혹하리만큼 명백하다.

혁신 자산의 지난 10년(2015~2025) 성적표

구분	자산명(지역)	10년 전(2015)	현재(2025)	상승률(배수)	비고
부동산	서울 강남 (반포/압구정)	15억~20억 원	45억~60억 원	약 2.5~3배	대한민국 부동산 대장
부동산	뉴욕/도쿄/런던	-	-	약 1.3~1.7배	글로벌 주요 도시
혁신	테슬라(TSLA)	주당 $15	$443	약 30배	압도적 속도 차이
혁신	비트코인(BTC)	개당 $350	~ $100,000	약 285배	비교 불가

보라. 속도가 다르다. 지난 10년간 강남 집주인들이 집값 3배 올랐다며 샴페인을 터뜨릴 때, 혁신의 로켓에 올라탄 주주들은 30배, 200배의 부(富)를 거머쥐었다.

부동산은 무겁고 느리다. 반면 혁신은 가볍고 빠르다. 자본이 적은 우리가 거대 자본을 가진 기득권을 이길 수 있는 유일한 무기는 '속도'이다. 느리게 걷는 자산으로는 결코 그들을 따라잡을 수 없다.

많은 분들이 순서를 착각한다. 집을 사서 부자가 되는 것이 아니다. 부동산은 부자가 된 뒤에 내 돈을 지키기 위해 사는 '도착지'이지, 부자가 되기 위해 사는 '출발지'가 아니다.

'이생망'은 없다: 20대 알바생이 건물주를 이기는 법

지금 편의점이나 카페에서 시급 1만 원을 받으며 일하고 있는 청년 여러분. 스스로를 흙수저라 비하하며 자책하지 마라. 여러분은 가난한 게 아니다. 아직 '폭발할 자산'을 만나지 못했을 뿐이다. 기성세대는 말한다. "티끌 모아 티끌이다." 아니다. 혁신의 시대에는 "티끌 모아 로켓"이 된다.

- 당신의 무기: 하루 커피 한 잔 값과 알바비를 아껴 만든 월 40만 원.
- 10년 원금: 겨우 5,000만 원.

이 돈이 연평균 40~50% 성장하는 테슬라나 비트코인 같은 혁신 자산을 만난다면 어떻게 될까? 과거 2015년에 알바비 100만 원으로 엔비디아를 샀다면 지금 1억 8천만 원이 되었다. 단돈 100만 원이 말이다.

강남 아파트를 사려면 20억, 30억이 필요하다. 여러분에겐 절망의 벽이다. 하지만 테슬라 주식은 1주에 수십만 원, 쪼개서 사면 1만 원으로도 살 수 있다. 여러분이 만드는 커피 두 잔 값이면 '지구 1등 기업'의 주인이 될 수 있다.

지금 시작하라. 10년 뒤, 여러분의 친구들이 대출 이자에 허덕일 때, 여러분은 불어난 혁신 자산을 들고 여유롭게 현금 일시불로 집을 계약하게 될 것이다.

당신이 바로 자본주의 매트릭스를 탈출할 '네오(Neo)'다

사랑하는 3.1 경제독립군 여러분. 지금 소름이 돋았는가? 가슴 깊은 곳에서 뜨거운 무언가가 느껴지는가? 축하한다. 당신은 방금 '각성'했다. 우리는 그동안 거대한 자본주의 매트릭스 속에 갇혀 살았다.

"열심히 일해서 적금을 들어라." "대출을 받아 집을 사라." "투자는 위험하다."

세상은 우리에게 끊임없이 이 낡은 규칙을 주입했다. 마치 영화 〈매트릭스〉가 사람들을 통제하듯 말이다. 하지만 진실은 시스템 밖에 있었다. 시스템이 정해준 대로 산 사람들은 가난해졌고, 시스템을 의심하고 용기를 내어 '빨간 약'을 삼킨 사람들은 경제적 자유를 얻었다.

이 책『우리 가족 경제독립 선언서』는 내가 당신에게 건네는 '빨간 약'이다. 이 약을 삼킨 이상, 당신은 더 이상 과거로 돌아갈 수 없다. 이제 당신의 눈에는 세상이 다르게 보일 것이다.

비싼 강남 아파트가 부러움의 대상이 아니라 '느린 자산'으로 보일 것이고, 시급 만 원의 알바비가 단순한 푼돈이 아니라 미래의 1억 원이 될 씨앗으로 보일 것이다.

두려워하지 마라. 영화 속 네오가 처음에는 총알을 피하기 두려워했지만, 나중에는 손짓 하나로 총알을 멈추고 하늘을 날아올랐듯, 당신도 곧 자본의 파도를 즐기며 서핑하게 될 것이다.

당신은 엑스트라가 아니다. 자본주의라는 거대한 영화 속에서, 스스로 운명을 바꾸고 경제적 독립을 쟁취할 유일한 주인공, 네오(Neo)다. 당신의 소중한 종잣돈을 어디에 심겠는가? 차가운 콘크리트 벽 안인가, 아니면 8.5T(8조 5천억 달러)를 향해 날아가는 로켓 위인가?

자, 이제 눈을 떠라. 가장 빠르고 강력한 부의 세상이 당신을 기다리고 있다.

2026년 3월,
당신의 경제독립을 축하하며.
경제독립운동가 **신 동 일**

세상에서 가장 소중한 우리집 100년 나침반!

우리
가족
경제독립
선언서

1판 1쇄 인쇄 2026년 2월 10일
1판 1쇄 발행 2026년 3월 1일

지은이 3·1 경제독립TV 신동일
펴낸이 박현

펴낸곳 트러스트북스
등록번호 제2014 - 000225호
등록일자 2013년 12월 3일
주소 서울시 마포구 성미산로1길 5 백옥빌딩 202호
전화 (02) 322 - 3409
팩스 (02) 6933 - 6505
이메일 trustbooks@naver.com

ⓒ 3·1 경제독립TV 신동일, 2026

이 책의 저작권은 저자에게 있습니다.
저자와 출판사의 허락없이 내용의 일부를 인용하거나 발췌하는 것을 금합니다.

값 20,000원
ISBN 979-11-92218-91-5 03320

믿고 보는 책, 트러스트북스는 독자 여러분의 의견을 소중히 여기며,
출판에 뜻이 있는 분들의 원고를 기다리고 있습니다.